2020 年版

电网技术改造工程预算定额

第六册　通信工程

国家能源局　发布

U0655704

中国电力出版社
CHINA ELECTRIC POWER PRESS

图书在版编目（CIP）数据

电网技术改造工程预算定额：2020 年版 . 第六册，通信工程/国家能源
局发布 . —北京：中国电力出版社，2021.6（2025.3 重印）
ISBN 978 - 7 - 5198 - 5583 - 3

Ⅰ.①电…　Ⅱ.①国…　Ⅲ.①电网—技术改造—预算定额—中国②通信
工程—技术改造—预算定额—中国　Ⅳ.①F426.61

中国版本图书馆 CIP 数据核字（2021）第 079043 号

出版发行：中国电力出版社	印　　刷：三河市航远印刷有限公司
地　　址：北京市东城区北京站西街 19 号	版　　次：2021 年 6 月第一版
邮政编码：100005	印　　次：2025 年 3 月北京第四次印刷
网　　址：http://www.cepp.sgcc.com.cn	开　　本：850 毫米×1188 毫米　32 开本
责任编辑：张冉昕（010 - 63412364）	印　　张：7.75
责任校对：黄　蓓　马　宁	字　　数：202 千字
装帧设计：张俊霞　赵姗姗	印　　数：5501—6000 册
责任印制：石　雷	定　　价：62.00 元

国家能源局关于颁布《电网技术改造及检修工程定额和费用计算规定（2020年版）》的通知

国能发电力〔2021〕21号

各有关单位：

为适应电网技术改造及检修工程管理发展的实际需要，科学反映物料消耗及市场价格变化情况，进一步统一和规范电力建设工程计价行为，合理确定和有效控制电网技术改造及检修工程造价，我局委托中国电力企业联合会修编完成了《电网技术改造工程预算编制与计算规定（2020年版）》《电网检修工程预算编制与计算规定（2020年版）》，以及与之配套使用的《电网技术改造工程概算定额（2020年版）》《电网技术改造工程预算定额（2020年版）》《电网拆除工程预算定额（2020年版）》和《电网检修工程预算定额（2020年版）》（简称《电网技术改造及检修工程定额和费用计算规定（2020年版）》）。现予以颁布实施，请遵照执行。

《电网技术改造及检修工程定额和费用计算规定（2020年版)》由中国电力企业联合会组织中国电力出版社出版发行。

国家能源局（印）

2021 年 4 月 1 日

前　言

　　《电网技术改造工程概预算定额（2020 年版）》（以下简称"本套定额"）是《电网技术改造及检修工程定额和费用计算规定（2020 年版）》的系列定额之一。

　　本套定额是根据《国家能源局关于印发〈电力工程定额与造价工作管理办法〉的通知》（国能电力〔2013〕501 号）文件的要求，遵照政府有关新形势下电力体制改革、电力市场建设和工程造价管理的政策方针，并结合电网技术改造工程特点制定的。

　　本套定额是在 2015 年版《电网技术改造工程概预算定额》的基础上修订而成。本套定额传承了原定额的基本框架和形式，根据 2015 年以来与电网技术改造工程有关的新规定要求、新技术发展、项目管理新模式以及新设备、新材料、新工艺的应用状况，对定额专业划分、子目设置、计算规则、编制内容、价格水平等进行了补充、优化和调整。

　　本套定额在修订过程中，按照国家关于定额编制的程序和要求，经过广泛征求各方意见和建议，对定额各项内容进行了认真调研和反复推敲、测算，保证了定额的适用性、时效性和公正性。

　　本套定额由国家能源局批准并颁布，由电力工程造价与定额管理总站负责修订和解释。

编制领导小组	于崇德	江宇峰	张天光	董士波	吕　军	杨泽明	梁景坤
编 制 人 员	董士波	顾　爽	杨鸿珍	马卫坚	苟全峰	张　涛	潘连武
	柳　印	闫　雷	武奋前	叶宝玉	方向阳	李海龙	黄义皓
	招景明	孙安黎	张关应	郝洪志	贾政豪		
审 查 专 家	于　超	刘　昊	陈　立	王振鑫	叶子菀	陈　韬	唐易木
	朱晓虎	史　哲	饶　娆	柯美峰	王文红	李江涛	潘润华
	沐　彬	胡　懿					

总　说　明

一、《电网技术改造工程预算定额（2020 年版）》共六册，包括：

第一册　建筑工程（上册、下册）　　　　　　第二册　电气工程

第三册　架空线路工程　　　　　　　　　　第四册　电缆线路工程

第五册　调试工程　　　　　　　　　　　　第六册　通信工程

二、本册为第六册《通信工程》（以下简称本定额），适用于电力专用通信网通信设备、通信线路和用电计量、采集监控设备的技术改造工程。

三、本定额是编制电网技改工程预算的依据，也是编制最高投标限价、投标报价和工程结算的基础依据，同时也是调解处理工程经济纠纷的参考依据。

四、本定额的主要编制依据：

1. GB 50374—2018　通信管道工程施工及验收规范

2. GB/T 7329—2008　电力线载波结合设备

3. DL 5009.2—2013　电力建设安全工作规程　第 2 部分：电力线路

4. DL 5009.3—2013　电力建设安全工作规程　第 3 部分：变电站

5. DL/T 544—2012　电力通信运行管理规程

6. DL/T 545—2012　电力系统微波通信运行管理规程

7. DL/T 548—2012　电力系统通信站过电压防护规程

8. DL/T 564—1995 音频负荷控制接收机

9. DL/T 598—2010 电力系统自动交换电话网技术规范

10. DL/T 788—2016 全介质自承式光缆

11. DL/T 795—2016 电力系统数字调度交换机

12. DL/T 798—2002 电力系统卫星通信运行管理规程

13. DL/T 832—2016 光纤复合架空地线

14. DL/T 860 系列 电力企业自动化通信网络和系统

15. DL/T 888—2004 电力调度交换机电力 DTMF 信令规范

16. DL/T 1146—2009 DL/T 860 实施技术规范

17. DL/T 5344—2018 电力光纤通信工程验收规范

18. DL/T 5391—2007 电力系统通信设计技术规定

19. DL/Z 981—2005 电力系统控制及其通信数据和通信安全

　　五、本定额是在设备、材料及器材等完整无损，符合质量标准和设计要求，并附有制造厂出厂检验合格证和试验记录的前提下，按电网技术改造工程合理的施工组织设计、施工机械配备以及合理的工期、正常的地理气候条件下制定的。定额中的人工、材料、施工机械台班消耗量反映了通信技术改造工程施工技术水平和组织水平，除各章节另有具体说明外，均不得因实际施工组织、施工方法、劳动力组织与水平、材料消耗种类与数量、施工机械规格与配置等的差异而对定额进行调整或换算。

六、本定额中考虑的工作内容，除各章另有说明外，均包括进场及开工前的准备，场地清理，工作票，措施票的开具；设备、器材的场内运输及堆放；设备开箱检查、清洁、安装、固定、补漆、接地；设备单机调测，设备组网联调，相关业务接入工作。场内运搬是指设备、装置性材料及器材从施工组织设计规定的现场仓库或堆放地点运至施工操作地点的水平及垂直运搬。

七、关于人工：

1. 本定额的人工分为普通工和安装技术工，人工用量包括施工基本用工和辅助用工。

2. 普通工单价为 75 元/工日，安装技术工单价为 114 元/工日；每个工日为 8 小时。

八、关于材料：

1. 计价材料用量包括合理的施工用量和施工损耗、场内运搬损耗、施工现场堆放损耗。其中，周转性材料按摊销量计列；零星材料合并为其他材料费。

2. 本定额中计价材料单价按照电力行业 2020 年材料预算价格综合取定，为除税后单价。

3. 未计价材料的损耗率见表 0-1。

表 0-1 未计价材料损耗率

序号	材料名称	损耗率（％）	序号	材料名称	损耗率（％）
1	光缆、同轴电缆、电话线、以太网线	1.5	4	拉线（钢绞线、镀锌铁线）	1.5
2	电力电缆	1.0	5	混凝土杆（包括底盘、拉盘、卡盘）	0.5
3	裸软导线（铜线、铝线、钢线）	1.3	6	金属管材、管件	3.0

序号	材料名称	损耗率（%）	序号	材料名称	损耗率（%）
7	金属板材（钢板、镀锌薄钢板）	4.0	9	型钢	5.0
8	塑料制品（槽、板、管）	5.0	10	槽道、走线架	0.5

注 光缆、电缆、电话线、以太网线、裸软导线，其损耗率中不包括为连接设备、器具而预留的长度，也不包括各种弯曲（包括弧度）而增加的长度，这部分长度应计算在工程量中。

九、关于机械：

1. 机械台班用量包括场内运搬、合理施工用量、必要间歇时间消耗量以及机械幅度差等。

2. 本定额中施工机械台班单价按电力行业 2020 年机械台班库综合取定，为除税后单价。

3. 不构成固定资产的小型机械或仪表的购置、摊销和维护费用等，包括在《电网技术改造工程预算编制与计算规定（2020 年版）》的施工工具用具使用费中。

十、本定额内不包括的工作内容：

1. 管道支吊架、电缆桥架等金属构件的制作安装。

2. 安装设备所需混凝土基础的浇制。

3. 机房照明灯具、消防器材等的安装。

4. OPGW（光纤复合架空地线）、OPPC（相线复合光缆）光缆架设、测试、接续等工作。

5. 机房接地网及环形接地母线的制作安装。

十一、本定额同一子目出现两种及以上调整系数，除章节内有具体规定外，一律按增加系数累加计算。

十二、本定额中凡采用"××以内"或"××以下"者均包括"××"本身，凡采用"××以上"或"××以外"者，均不包括"××"本身。

十三、本说明内未尽事宜，按各章说明执行。

目　　录

第5章 电力载波设备

第6章 辅助设备

第7章 电　缆

第8章 交换设备

第9章 监控设备、安全防护设备

第 **1** 章　光纤通信数字设备

说　　明

一、内容范围

本章包括光纤数字传输设备安装调测、光纤同步数字（SDH）传输设备接口盘安装调测、数字通信通道调测、光传送网设备（OTN）安装调测、光传送网设备（OTN）通道调测、光功率放大器、无源光网络设备安装调测、数字交叉连接设备安装调测、网络管理系统安装调测。

二、未包括的内容

1. 设备之间连接缆线敷设，使用时套用本册第7章相关子目。

2. 与外部通道相连的通信光缆敷设，使用时套用本册第17章相关子目。

三、工程量计算规则

1. 光端机（PDH）、脉冲编码调制（PCM）设备、终端复用器（TM）、分插复用器（ADM）、跳级复用器、光电一体化设备、低速率业务接入设备、基本子架及公共单元盘（SDH）、光功率放大器、增装合波器、分波器、调测OTN基本子架及公共单元盘、数字交叉连接设备（DDN）、光分路器、光网络单元、光线路终端、网络管理系统，以"套"为计量单位。

2. 无源光网络设备安装调测中的数字线路段光端对测，以"用户段"为计量单位。"用户段"是指光缆始端配线架（用户设备、交换机等）至光缆末端配线架（用户设备、交换机等）的沿途距离，用户段一般距离较短，中间没有接头，用户段一般在2km以内。用户光缆对测试指标没有严格要求，一般施工中无需进行单盘测试。

3. 光、电调测中间站配合，以"站"为计量单位。

4. 接口单元盘（SDH）、扩容 OTN 接口单元盘、2Mbit/s 接口盘以"块"为计量单位。

5. 光转换器、协议转换器，以"个"为计量单位。

6. 保护倒换测试，以"环/系统"为计量单位，指光传输设备的自身保护倒换功能。

7. OTN 基本成套设备（2 个光系统）以"套"为计量单位，每套包括电层子架 1 个、光层子架 2 个、40 波合分波器 2 套、光功率放大器 4 块、色散补偿（DCM）2 块。该子目为综合考虑，与实际配置不一致时，定额不作调整。

8. OTN 光路系统（1 个光系统）以"套"为计量单位，每套包括光层子架 1 个、40 波合分波器 1 套、光功率放大器 2 块、色散补偿（DCM）1 块。该子目为综合考虑，与实际配置不一致时，定额不作调整。

9. 光放站光线路放大器（OLA）子目，以"套"为计量单位，每套包括光层子架 1 个、2 个方向的光放大器及公共设备，与实际配置不一致时，定额不作调整。

10. 扩容 OTN 电（光）交叉设备子目，以"子架"为计量单位。

11. OTN 光交叉设备调测，以"维度"为计量单位，1 个光方向为 1 维度。

12. SDH 设备的数字线路段光端对测、OTN 设备的线路段光端对测、光通道保护，以"方向·系统"为计量单位；其中，"方向"是指相邻站点之间的关系，"系统"指站点间形成的具体数量的物理通信链路，一收一发为 1 个"系统"。

13. OTN 设备的光通道调测，以"方向·波道"为计量单位；其中，"方向"是指相邻站点之间的关系，"波道"指光通信设备波分通道的每个光波道。

14. OTN 设备的网络线路保护、电通道保护，以"方向·段"为计量单位；其中，"方向"是指相邻站点之间的关系，"段"指通信线路段。

15. 155Mbit/s 接口子架，以"子架"为计量单位。

16. 无源光网络设备系统联调以"系统"为计量单位，1 个环路为 1 个系统。

四、定额套用及调整

1. PDH 光端机子目包括网络管理系统相关调测、全电路电口调测。

2. 光电一体化设备、低速率业务接入设备子目，包括网络管理系统相关调测。

3. 光纤同步数字（SDH）传输设备安装调测子目包括网络管理系统相关调测、全电路电口调测。当设备为中继设备，无复用系统调测工作时，定额乘以系数 0.8。

4. 接口单元盘（SDH）子目包括网络管理系统相关调测，同一子框内扩容板卡第 2 块及以上，定额乘以系数 0.4。在新上光端机上增加接口单元盘，套用相应的接口单元盘子目。在已有光端机上增加接口单元盘，除安装调测接口单元盘，套用相应的接口单元盘子目外，还需对已有光端机基本子架及公共单元盘进行调测，套用调测基本子架及公共单元盘子目。

5. 光纤同步数字（SDH）传输设备安装调测子目，每套分插复用器（ADM）包括基本子架、公共单元盘、电口业务板及 2 块高阶光板，每套终端复用器（TM）包括基本子架、公共单元盘、电口业务板及 1 块高阶光板；当新上设备的光板数量超过子目基本配置时，超出部分应另套用接口单元盘（SDH）子目。

6. 光纤通信数字设备安装调测子目 40Gbit/s、10Gbit/s、2.5Gbit/s、622Mbit/s 系统按 1+0 状态编制。当系统为 1+1 状态时，TM 终端复用器每端增加 2 个工日，ADM 分插复用器每端增加 4 个工日。

7. 光功率放大器包括相关的控制设备，适用于 SDH 设备及 OTN 设备加装光功率放大器，不论容量（波道）、内置或外置均执行此子目。

8. OTN 基本成套设备（2 个光系统）子目适用于新建 OTN 设备。

9. OTN 光路系统（1 个光系统）子目适用于新建 OTN 设备（2 个以上的光系统）或对原有的 OTN 设备进行扩容。

10. 扩容 OTN 电（光）交叉设备子目为综合考虑，适用于在原有 OTN 设备上扩容电交叉设备（3.2Tbit/s 以下及 3.2Tbit/s 以上）和光交叉设备，使用时不作调整。子目包含子架中的各类单元板卡及相关组件的安装调测。单套 OTN 设备扩容第 2 个子架及以上，定额乘以系数 0.7。

11. 扩容 OTN 接口单元盘子目为综合考虑，适用于对原有 OTN 设备光层子架、电层子架中各类板卡进行扩容，包括光波长转换器，光谱分析模块，交叉板，各类业务板、公共单元板等。子目包含网络管理系统相关调测，同一子框内扩容板卡第 2 块及以上，定额乘以系数 0.5。

12. OTN 基本成套设备（2 个光系统）、OTN 光路系统（1 个光系统）、光放站光线路放大器（OLA）、扩容 OTN 电（光）交叉设备、扩容 OTN 接口单元盘子目包括网络管理系统相关调测。

13. OTN 光交叉设备调测子目适用于具备光交叉功能的 OTN 设备进行光交叉功能调测时使用，单站调测第 2 个维度及以上，定额乘以系数 0.7。

14. 增装合波器、分波器子目适用于原有 OTN 设备上扩容，包括 1 个合波器和 1 个分波器。子目为综合考虑，不同类型合波器、分波器均套用该子目，定额不作调整。

15. 在已有 OTN 设备上增加光系统、合波器、分波器、接口单元盘、电（光）交叉设备，除套用相应安装调测子目外，还需对已有 OTN 基本子架及公共单元盘进行调测，套用调测 OTN 基本子架及公共单元盘子目。

16. 网络线路保护、光通道保护、电通道保护子目根据工程实际技术方案配置情况计列。

17. 密集波分复用设备的安装调测参照 OTN 设备子目套用。

18. 当密集波分复用设备为波分及同步数字传输一体化设备时，执行对应的 OTN 设备定额再加对应速率光端机定额之和乘以系数 0.6。

19. PTN 设备的安装调测参照 SDH 设备子目套用。

20. 光分路器子目适用于外置光分路器安装调测，当光分路器为光网络单元内置时，只套用光网络单元子目。

21. 光分路器、光网络单元安装在铁塔上，子目人工费乘系数 1.5。

22. 光纤通信数字设备安装调测不得因长途、市话、场地、厂家的不同而做调整。

23. 光传输设备网管系统安装调测小节子目适用于新上网管系统（SDH、光电一体化、无源光网络）；新上设备及接口单元盘时网络管理系统的相应工作已经含在对应的设备及单元盘安装子目中。光传输设备网管系统安装调测子目包括网管终端、本地终端设备的安装，网管线、数据线、电源线的布放。

24. 安装 OTN 设备的网管系统套用 SDH 网管系统定额子目。

1.1 光纤数字传输设备安装调测

工作内容： 1. 设备标识、安装接口盘、接地、固定光纤活接头、检查核对架内架间电缆、通电检查。
2. 交叉、公务、时钟、电源、群路、支路、光放盘等机盘测试，单机性能测试及全电路复用电口调测。3. 网管系统调测、运行试验。

定　额　编　号			JYZ1-1	JYZ1-2	JYZ1-3	JYZ1-4
项　　　目			光端机	脉冲编码调制（PCM）设备	光电一体化设备	低速率业务接入设备
			PDH			
单　　　位			套	套	套	套
基　　价（元）			**2099.39**	**375.05**	**1546.43**	**678.87**
其中	人　工　费（元）		1634.86	212.09	1072.84	415.06
	材　料　费（元）		41.16	26.77	27.30	27.30
	机　械　费（元）		423.37	136.19	446.29	236.51
名　　　称		单位	数　　　量			
人工	普通工	工日	0.2901	0.2590	0.2901	0.2901
	安装技术工	工日	14.1500	1.6900	9.2200	3.4500
计价材料	松香焊锡丝	kg	0.1000	0.1000	0.1000	0.1000
	镀锌六角螺栓　综合	kg	0.2830	0.2830	0.2830	0.2830
	铜芯绝缘导线　截面　6mm²	m	3.0000	2.0000	2.0000	2.0000
	铜接线端子　6mm² 以下	个	6.0000	4.0000	4.0000	4.0000
	标签色带　（12~36）mm×8m	卷	0.5000	0.0380	0.0380	0.0380

续表

定　额　编　号			JYZ1-1	JYZ1-2	JYZ1-3	JYZ1-4
项　　　目			光端机	脉冲编码调制 （PCM）设备	光电一体化设备	低速率业务 接入设备
			PDH			
计价材料	热塑管	m	1.0000	1.0000	1.0000	1.0000
	白蜡	kg	0.1000	0.1000	0.1000	0.1000
	乙醇	kg	0.5000	0.4000	0.5000	0.5000
	砂布	张	1.0000	0.8000	1.0000	1.0000
	其他材料费	元	0.8100	0.5300	0.5400	0.5400
机械	载重汽车　5t	台班	0.1500	0.0400	0.0500	0.0500
	网络测试仪	台班	0.2000		2.0000	0.5000
	可变光衰耗器	台班	0.5000			
	光源	台班	1.0000			
	光功率计	台班	1.0000			
	数据分析仪（数据测试仪）	台班	2.1000	0.4000	1.0000	0.5000
	PCM 通道测试仪	台班		0.4000		0.5000
	功能检测分析平台（电脑）	台班	1.0000	0.8000	4.0000	1.5000

定 额 编 号			JYZ1-5	JYZ1-6	JYZ1-7	JYZ1-8	JYZ1-9
项 目			分插复用器（ADM）				
			40Gbit/s	10Gbit/s	2.5Gbit/s	622Mbit/s	155Mbit/s
单 位			套	套	套	套	套
基 价 （元）			**7005.98**	**6771.81**	**6538.78**	**6281.07**	**5570.73**
其中	人 工 费（元）		4802.06	4667.54	4534.16	4397.36	4046.24
	材 料 费（元）		29.58	29.58	29.58	29.58	29.58
	机 械 费（元）		2174.34	2074.69	1975.04	1854.13	1494.91
名 称		单位	数 量				
人工	普通工	工日	1.1603	1.1603	1.1603	1.1603	1.1603
	安装技术工	工日	41.3600	40.1800	39.0100	37.8100	34.7300
计价材料	松香焊锡丝	kg	0.1000	0.1000	0.1000	0.1000	0.1000
	镀锌六角螺栓　综合	kg	0.2830	0.2830	0.2830	0.2830	0.2830
	铜芯绝缘导线　截面　6mm^2	m	3.0000	3.0000	3.0000	3.0000	3.0000
	铜接线端子　6mm^2 以下	个	4.0000	4.0000	4.0000	4.0000	4.0000
	标签色带　（12～36）mm×8m	卷	0.5000	0.5000	0.5000	0.5000	0.5000
	乙醇	kg	0.1000	0.1000	0.1000	0.1000	0.1000
	脱脂棉	卷	0.1000	0.1000	0.1000	0.1000	0.1000
	其他材料费	元	0.5800	0.5800	0.5800	0.5800	0.5800
机械	载重汽车　5t	台班	0.1000	0.1000	0.1000	0.1000	0.1000
	网络测试仪	台班	3.4000	3.3500	3.3000	3.2500	3.2200
	可变光衰耗器	台班	0.8000	0.8000	0.8000	0.6000	0.3600

定 额 编 号			JYZ1-5	JYZ1-6	JYZ1-7	JYZ1-8	JYZ1-9
项 目			分插复用器（ADM）				
			40Gbit/s	10Gbit/s	2.5Gbit/s	622Mbit/s	155Mbit/s
机械	光源	台班	0.8000	0.8000	0.8000	0.6000	0.3600
	光功率计	台班	0.8000	0.8000	0.8000	0.6000	0.3600
	SDH综合测试仪	台班	0.9690	0.9180	0.8670	0.8160	0.6100
	功能检测分析平台（电脑）	台班	6.1200	5.6100	5.1000	4.7940	4.5900

定 额 编 号			JYZ1-10	JYZ1-11	JYZ1-12	JYZ1-13	JYZ1-14
项 目			终端复用器（TM）				
			40Gbit/s	10Gbit/s	2.5Gbit/s	622Mbit/s	155Mbit/s
单 位			套	套	套	套	套
基 价（元）			**6260.88**	**6041.87**	**5812.39**	**5578.36**	**5054.63**
其中	人 工 费（元）		4535.30	4399.64	4267.40	4130.60	3853.58
	材 料 费（元）		29.58	29.58	29.58	29.58	29.58
	机 械 费（元）		1696.00	1612.65	1515.41	1418.18	1171.47
名 称		单位	数 量				
人工	普通工	工日	1.1603	1.1603	1.1603	1.1603	1.1603
	安装技术工	工日	39.0200	37.8300	36.6700	35.4700	33.0400
计价材料	松香焊锡丝	kg	0.1000	0.1000	0.1000	0.1000	0.1000
	镀锌六角螺栓　综合	kg	0.2830	0.2830	0.2830	0.2830	0.2830
	铜芯绝缘导线　截面　6mm²	m	3.0000	3.0000	3.0000	3.0000	3.0000
	铜接线端子　6mm² 以下	个	4.0000	4.0000	4.0000	4.0000	4.0000
	标签色带　（12~36）mm×8m	卷	0.5000	0.5000	0.5000	0.5000	0.5000
	乙醇	kg	0.1000	0.1000	0.1000	0.1000	0.1000
	脱脂棉	卷	0.1000	0.1000	0.1000	0.1000	0.1000
	其他材料费	元	0.5800	0.5800	0.5800	0.5800	0.5800
机械	载重汽车　5t	台班	0.1000	0.1000	0.1000	0.1000	0.1000
	网络测试仪	台班	3.3000	3.2500	3.2000	3.1500	3.1200
	可变光衰耗器	台班	0.6000	0.6000	0.5000	0.4000	0.3150

定额编号			JYZ1-10	JYZ1-11	JYZ1-12	JYZ1-13	JYZ1-14
项目			终端复用器（TM）				
			40Gbit/s	10Gbit/s	2.5Gbit/s	622Mbit/s	155Mbit/s
机械	光源	台班	0.6000	0.6000	0.5000	0.4000	0.3150
	光功率计	台班	0.6000	0.6000	0.5000	0.4000	0.3150
	SDH综合测试仪	台班	0.7140	0.6630	0.6120	0.5610	0.4100
	功能检测分析平台（电脑）	台班	4.5900	4.5900	4.5900	4.5900	4.5900

定 额 编 号		JYZ1-15	JYZ1-16	JYZ1-17	JYZ1-18	JYZ1-19	JYZ1-20	JYZ1-21
项 目		调测基本子架及公共单元盘		接口单元盘（SDH）				
		2.5Gbit/s 以下	2.5Gbit/s 以上	40Gbit/s	10Gbit/s	2.5Gbit/s	622Mbit/s	155Mbit/s（光）
单 位		套	套	块	块	块	块	块
基 价 （元）		**657.48**	**911.94**	**1022.06**	**991.98**	**961.91**	**940.31**	**879.46**
其中	人 工 费 （元）	195.32	219.26	781.88	768.47	755.07	748.36	741.66
	材 料 费 （元）	4.86	4.86	0.37	0.37	0.37	0.37	0.37
	机 械 费 （元）	457.30	687.82	239.81	223.14	206.47	191.58	137.43
名 称	单位	数 量						
人工 普通工	工日	0.2901	0.2901					
安装技术工	工日	1.5225	1.7325	6.8586	6.7410	6.6234	6.5646	6.5058
计价材料 标签色带 （12~36)mm×8m	卷	0.2500	0.2500	0.0100	0.0100	0.0100	0.0100	0.0100
乙醇	kg	0.0500	0.0500	0.0200	0.0200	0.0200	0.0200	0.0200
脱脂棉	卷	0.0500	0.0500	0.0200	0.0200	0.0200	0.0200	0.0200
其他材料费	元	0.1000	0.1000	0.0100	0.0100	0.0100	0.0100	0.0100
机械 网络测试仪	台班	0.0330	0.0550	0.0600	0.0500	0.0400	0.0300	0.0200
可变光衰耗器	台班	0.4400	0.6600	0.7000	0.7000	0.7000	0.6000	0.5000
光源	台班	0.4400	0.6600	0.5000	0.5000	0.5000	0.4000	0.4000
光功率计	台班	0.4400	0.6600	0.5000	0.5000	0.5000	0.4000	0.4000
SDH综合测试仪	台班	0.2346	0.3570	0.0714	0.0612	0.0510	0.0510	0.0204
功能检测分析平台（电脑）	台班	1.0200	1.3260	1.3260	1.3260	1.3260	1.3260	1.3260

定 额 编 号		JYZ1-22	JYZ1-23	JYZ1-24	JYZ1-25
项 目		接口单元盘（SDH）			
		155Mbit/s（电）	45Mbit/s 和 34Mbit/s	2Mbit/s	数据接口
单 位		块	块	块	块
基 价（元）		**795.71**	**777.06**	**752.03**	**744.20**
其中	人 工 费（元）	714.85	701.44	701.44	701.44
	材 料 费（元）	0.37	0.37	0.37	0.37
	机 械 费（元）	80.49	75.25	50.22	42.39
名 称	单位	数 量			
人工 安装技术工	工日	6.2706	6.1530	6.1530	6.1530
计价材料 标签色带 （12~36）mm×8m	卷	0.0100	0.0100	0.0100	0.0100
乙醇	kg	0.0200	0.0200	0.0200	0.0200
脱脂棉	卷	0.0200	0.0200	0.0200	0.0200
其他材料费	元	0.0100	0.0100	0.0100	0.0100
机械 网络测试仪	台班	0.0200			
SDH 综合测试仪	台班	0.0235	0.0214	0.0051	
功能检测分析平台（电脑）	台班	1.3260	1.3260	1.3260	1.3260

定 额 编 号			JYZ1-26	JYZ1-27	JYZ1-28	JYZ1-29
项 目			光转换器	光功率放大器	协议转换器	光纤线路自动切换保护装置（OLP）
单 位			个	套	个	台
基 价 （元）			**191.95**	**561.47**	**157.09**	**404.07**
其中	人 工 费 （元）		147.47	307.80	147.47	180.45
	材 料 费 （元）		9.62	9.62	9.62	31.81
	机 械 费 （元）		34.86	244.05		191.81
名 称		单位	数 量			
人工	安装技术工	工日	1.2936	2.7000	1.2936	1.5829
计价材料	铜芯绝缘导线 截面 6mm²	m				2.4000
	铜接线端子 6mm² 以下	个				4.0000
	标签色带 （12~36）mm×8m	卷	0.4940	0.4940	0.4940	0.5000
	热塑管	m				1.0000
	白蜡	kg				0.1000
	乙醇	kg	0.1000	0.1000	0.1000	0.5000
	砂布	张				1.0000
	脱脂棉	卷	0.1000	0.1000	0.1000	
	其他材料费	元	0.1900	0.1900	0.1900	0.6200

定 额 编 号			JYZ1-26	JYZ1-27	JYZ1-28	JYZ1-29
项 目			光转换器	光功率放大器	协议转换器	光纤线路自动切换保护装置（OLP）
机械	可变光衰耗器	台班	0.1000	0.1000		0.5250
	光源	台班	0.1000	0.5000		0.5000
	光功率计	台班	0.1000	0.5000		0.5000
	光频谱分析仪	台班	0.1000	0.9500		0.5000
	功能检测分析平台（电脑）	台班				0.5000

1.2 数字通信通道调测

工作内容：1. 系统误码特性、系统抖动、系统光功率测试。2. 告警、检测、倒换功能、公务操作检查、接口测试等。3. 记录数据、填写调试报告。

定　额　编　号			JYZ1-30	JYZ1-31	JYZ1-32
项　　　　目			数字线路段光端对测	光、电调测中间站配合	保护倒换测试
单　　　　位			方向·系统	站	环/系统
基　　价（元）			**965.59**	**536.74**	**981.89**
其中	人　工　费（元）		201.10	301.64	201.10
	材　料　费（元）				
	机　械　费（元）		764.49	235.10	780.79
名　　称		单位	数　　量		
人工	安装技术工	工日	1.7640	2.6460	1.7640
机械	网络测试仪	台班	0.8000		0.8000
	可变光衰耗器	台班	0.4000	0.1000	0.4000
	光源	台班	0.4000	0.1000	0.4000
	光功率计	台班	0.4000	0.1000	0.4000
	SDH综合测试仪	台班	0.3774	0.1122	0.3774
	功能检测分析平台（电脑）	台班	1.5300	1.5300	2.0400

1.3 光传送网（OTN）设备安装调测

工作内容： 定位安装子架、设备标志、安装单元盘、接地、检查核对架内架间电缆、通电检查、单机性能测试、网管系统调测等。

定额编号			JYZ1-33	JYZ1-34	JYZ1-35	JYZ1-36	JYZ1-37	JYZ1-38	JYZ1-39	JYZ1-40
项　目			OTN基本成套设备	OTN光路系统	光放站光线路放大器（OLA）	扩容OTN电（光）交叉设备	扩容OTN接口单元盘	增装合波器、分波器	调测OTN基本子架及公共单元盘	光交叉设备调测
			2个光系统	1个光系统						1个维度
单　位			套	套	套	子架	块	套	套	维度
基　价（元）			**9684.20**	**2439.46**	**4814.09**	**2946.84**	**1130.66**	**1386.93**	**839.44**	**1252.00**
其中	人　工　费（元）		5865.77	1523.26	4371.90	1784.10	895.06	654.26	197.12	747.84
	材　料　费（元）		118.46	41.07	10.51	9.72	7.50	29.95	8.93	
	机　械　费（元）		3699.97	875.13	431.68	1153.02	228.10	702.72	633.39	504.16
名　称		单位	数　　　量							
人工	普通工	工日	3.5175	0.5276				0.7035	0.7035	
	安装技术工	工日	49.1400	13.0148	38.3500	15.6500	7.8514	5.2763	1.2663	6.5600
计价材料	铜芯绝缘导线　截面　6mm²	m	2.4000	1.6800	2.4000			2.4000		
	铜接线端子　6mm²以下	个	4.0000	2.0000	2.0000			2.0000		

18

续表

定额编号		JYZ1-33	JYZ1-34	JYZ1-35	JYZ1-36	JYZ1-37	JYZ1-38	JYZ1-39	JYZ1-40
项　目		OTN基本成套设备	OTN光路系统	光放站光线路放大器（OLA）	扩容OTN电（光）交叉设备	扩容OTN接口单元盘	增装合波器、分波器	调测OTN基本子架及公共单元盘	光交叉设备调测
		2个光系统	1个光系统						1个维度
计价材料	标签色带 （12~36）mm×8m	卷	5.4640	1.5666		0.5000	0.3500	1.0000	0.5000	
	热塑管	m		0.3500						
	乙醇	kg	1.0200	0.3150		0.1000	0.1400	0.2000	0.0200	
	脱脂棉	卷	1.0200	0.3150		0.1000	0.1400	0.2000	0.0200	
	其他材料费	元	2.3200	0.8100	0.2100	0.1900	0.1500	0.5900	0.1800	
机械	网络测试仪	台班	2.6000		2.6000					
	可变光衰耗器	台班	1.6000	0.5250	0.6500		0.3500	0.5000		0.3500
	光源	台班	3.0000	0.8750	0.6500		0.1000	0.5000		0.5000
	光功率计	台班	4.0000	1.2250	0.6500		0.1000	0.5000		0.5000
	光频谱分析仪	台班	5.2000	1.5400			0.1000	0.2000		0.5000
	光纤色散测试仪	台班	0.4500	0.1400			0.1000			
	SDH综合测试仪	台班	0.7500	0.1400		0.7300		0.2000	0.3500	0.2000
	功能检测分析平台（电脑）	台班	4.5000	0.3500	2.5000	1.0000	0.8000		3.0000	1.0000

1.4 光传送网（OTN）设备通道调测及网络保护调测

工作内容：1. 对信噪比、中心频率、误码率、抖动等各种性能进行调测。2. 光通道保护、电通道保护调测。3. 数据记录、填写调试报告。

定 额 编 号		JYZ1-41		JYZ1-42
项　　　　　目		线路段光端对测		
		光放站		端站/再生站
单　　　　　位		方向·系统		方向·系统
基　　价（元）		**956.64**		**2756.34**
其中	人　工　费（元）	134.06		335.16
	材　料　费（元）			
	机　械　费（元）	822.58		2421.18
名　　　称	单位	数　　　　量		
人工 安装技术工	工日	1.1760		2.9400
机械 光频谱分析仪	台班	0.2000		0.6000
光纤色散测试仪	台班	0.2500		0.7400
SDH综合测试仪	台班	0.2500		0.7400
功能检测分析平台（电脑）	台班	0.5000		1.0000

定 额 编 号			JYZ1-43	JYZ1-44	JYZ1-45	JYZ1-46	JYZ1-47	JYZ1-48	JYZ1-49
项 目			光通道调测				网络线路保护	光通道保护	电通道保护
			100Gbit/s	40Gbit/s	10Gbit/s	2.5Gbit/s以下			
单 位			方向·波道	方向·波道	方向·波道	方向·波道	方向·段	方向·系统	方向·段
基 价（元）			**2369.93**	**1903.18**	**1441.23**	**976.34**	**311.60**	**387.61**	**297.53**
其中	人 工 费（元）		272.92	234.61	201.10	134.06	131.10	161.60	155.61
	材 料 费（元）								
	机 械 费（元）		2097.01	1668.57	1240.13	842.28	180.50	226.01	141.92
名 称		单位	数 量						
人工	安装技术工	工日	2.3940	2.0580	1.7640	1.1760	1.1500	1.4175	1.3650
机械	可变光衰耗器	台班					0.1000	0.1000	
	光源	台班					0.1000	0.1000	
	光功率计	台班					0.1000	1.0000	1.0000
	误码测试仪（2M）	台班							1.5000
	数据分析仪（数据测试仪）	台班	0.5000	0.4000	0.3000	0.2000	0.1000	0.1000	0.1000
	光频谱分析仪	台班	0.5000	0.4000	0.3000	0.2000		0.0600	
	光纤色散测试仪	台班	0.6300	0.5000	0.3700	0.2500			
	SDH综合测试仪	台班	0.6300	0.5000	0.3700	0.2500	0.1000	0.1000	
	功能检测分析平台（电脑）	台班	0.5000	0.5000	0.5000	0.5000	0.1000	0.1000	

1.5 数字交叉连接（DDN）设备安装调测

工作内容： 安装机盘、检查核对机架间电缆，本机性能测试等。

定 额 编 号		JYZ1-50	JYZ1-51	JYZ1-52
项 目		数字交叉连接设备（DDN）	155Mbit/s 接口子架	2Mbit/s 接口盘
单 位		套	子架	块
基 价（元）		**1251.09**	**1372.27**	**433.26**
其中	人 工 费（元）	991.99	1176.35	415.60
	材 料 费（元）	26.76	0.66	1.75
	机 械 费（元）	232.34	195.26	15.91
名 称	单位	数 量		
人工 普通工	工日	0.5801	0.5801	
安装技术工	工日	8.3200	9.9372	3.6456
计价材料 镀锌六角螺栓 综合	kg	0.2830		
铜芯绝缘导线 截面 6mm²	m	3.0000		
铜接线端子 6mm² 以下	个	4.0000		
标签色带 （12~36）mm×8m	卷	0.5000	0.0380	0.1000
乙醇	kg	0.1000		
脱脂棉	卷	0.1000		
其他材料费	元	0.5200	0.0100	0.0300

定　额　编　号			JYZ1-50	JYZ1-51	JYZ1-52
项　　　目			数字交叉连接设备（DDN）	155Mbit/s 接口子架	2Mbit/s 接口盘
机械	光功率计	台班		0.3000	
	误码测试仪（2M）	台班	3.6500		0.2500
	SDH 综合测试仪	台班		0.1200	

1.6 无源光网络设备安装调测

工作内容：安装固定、调整水平、固定连线、通电检查、单机性能调测、系统联调、数据记录、填写调试报告等。

定 额 编 号			JYZ1-53	JYZ1-54	JYZ1-55	JYZ1-56	JYZ1-57
项 目			光分路器	光网络单元（ONU）	光线路终端（OLT）	数字线路段光端对测	系统联调
单 位			套	套	套	用户段	系统
基 价 （元）			**128.18**	**143.48**	**430.62**	**73.10**	**923.94**
其中	人 工 费 （元）		66.68	80.09	303.29	46.92	670.32
	材 料 费 （元）		8.93	10.82	10.82	9.72	
	机 械 费 （元）		52.57	52.57	116.51	16.46	253.62
名 称		单位	数 量				
人工	普通工	工日	0.1741	0.1741	0.2901		
	安装技术工	工日	0.4704	0.5880	2.4696	0.4116	5.8800
计价材料	镀锌六角螺栓 综合	kg		0.2830	0.2830		
	标签色带 （12~36)mm×8m	卷	0.5000	0.5000	0.5000	0.5000	
	乙醇	kg	0.0200			0.1000	
	脱脂棉	卷	0.0200			0.1000	
	其他材料费	元	0.1800	0.2100	0.2100	0.1900	
机械	光功率计	台班	1.0000	1.0000	1.0000	0.4500	3.0000
	功能检测分析平台（电脑）	台班	0.5000	0.5000	2.5000		4.5000

1.7 光传输设备网管系统安装调测

工作内容：设备安装固定、设备自检、修改数据、试通调试、网络管理系统运行试验等。

定 额 编 号			JYZ1-58	JYZ1-59	JYZ1-60
项 目			网络管理系统		
			SDH	光电一体化	无源光网络
单 位			套	套	套
基 价（元）			**7338.03**	**2166.61**	**1270.56**
其中	人 工 费（元）		6894.72	1795.50	1005.48
	材 料 费（元）				
	机 械 费（元）		443.31	371.11	265.08
名 称		单位	数 量		
人工	安装技术工	工日	60.4800	15.7500	8.8200
机械	网络测试仪	台班	3.2000	2.8000	2.0000
	功能检测分析平台（电脑）	台班	3.8000	2.8000	2.0000

第 2 章 同步网设备

说　　明

一、内容范围

本章包括通信数字同步网设备安装调测、通信数字同步网设备网管及系统联调。

二、未包括的内容

设备之间连接缆线敷设，使用时套用本册第 7 章相关子目。

三、工程量计算规则

1. 大楼综合定时系统、基准时钟（铯钟）、卫星接收机、网络时间协议设备（NTP），以"台"为计量单位。

2. 卫星接收天线、馈线布放调测，以"条"为计量单位。

3. 监控管理中心网管、本地监控终端网管，以"套"为计量单位。

4. 同步板卡（时间、频率、NTP），以"块"为计量单位。

5. 系统联调，以"站"为计量单位。

四、定额套用及调整

1. 监控管理中心网管子目只适用于新上网管系统，各设备的网管调试工作已包含在各设备安装调测子目中。

2. 通信数字同步网设备的卫星接收天线、馈线布放调测以 30m 为一条，超过 30m 的套用每增加 10m 子目。

3. 卫星接收机不论类型均执行此子目。

2.1 通信数字同步网设备安装调测

工作内容：1. 定位安装、插装机盘、接地、通电检查、单机性能测试、网管调试。2. 卫星天线、馈线安装与调测、接头制作。

	定 额 编 号		JYZ2-1	JYZ2-2	JYZ2-3	JYZ2-4	JYZ2-5
							同步板卡
	项 目		大楼综合定时系统（BITS）	基准时钟（铯钟）	卫星接收机	网络时间协议设备（NTP）	时间、频率、NTP
	单 位		台	台	台	台	块
	基 价（元）		**4341.92**	**1421.60**	**466.11**	**467.85**	**89.24**
其中	人 工 费（元）		1572.25	847.89	301.15	391.02	67.03
	材 料 费（元）		43.44	17.85	21.18	23.27	6.23
	机 械 费（元）		2726.23	555.86	143.78	53.56	15.98
	名 称	单位			数 量		
人工	普通工	工日	0.5801	0.5801	0.5801		
	安装技术工	工日	13.4100	7.0560	2.2600	3.4300	0.5880
计价材料	镀锌六角螺栓 综合	kg	0.2830	0.2830		0.2830	
	镀锌铁丝	kg	2.0000	2.0000			
	铜芯绝缘导线 截面 6mm^2	m	3.0000		3.0000	3.0000	
	铜接线端子 6mm^2 以下	个	4.0000		4.0000	4.0000	
	标签色带 （12~36）mm×8m	卷	0.5000	0.3000	0.3000	0.3000	0.3000

定　额　编　号			JYZ2-1	JYZ2-2	JYZ2-3	JYZ2-4	JYZ2-5
项　　目			大楼综合定时系统（BITS）	基准时钟（铯钟）	卫星接收机	网络时间协议设备（NTP）	同步板卡
							时间、频率、NTP
计价材料	自黏性橡胶带　25mm×20m	卷	1.0000				
	乙醇	kg	0.1000	0.1000	0.1000	0.1000	0.1000
	脱脂棉	卷	0.1000	0.1000	0.1000	0.1000	0.1000
	其他材料费	元	0.8500	0.3500	0.4200	0.4600	0.1200
机械	载重汽车　5t	台班	0.1000	0.1000	0.1000	0.1000	
	数字存储示波器	台班	1.5000	1.3500			
	漂移测试仪	台班	2.8000	0.1000			
	时钟测试仪	台班	1.5000		0.5000		
	功能检测分析平台（电脑）	台班	1.0000	1.0000	1.0000	0.5000	0.5000

定　额　编　号		JYZ2-6	JYZ2-7
项　　　目		卫星接收天线、馈线布放调测	
		30m	每增加 10m
单　　　位		条	条
基　　价（元）		**225.13**	**41.21**
其中	人　工　费（元）	113.61	23.15
	材　料　费（元）	73.95	18.06
	机　械　费（元）	37.57	
名　　　称	单位	数　　　量	
人工	普通工	工日	0.1741	0.0405
	安装技术工	工日	0.8820	0.1764
计价材料	镀锌铁丝	kg	6.0000	1.0000
	标签色带　（12~36）mm×8m	卷	1.2000	0.5000
	自黏性橡胶带　25mm×20m	卷	3.0000	0.5000
	乙醇	kg	0.3000	0.1000
	脱脂棉	卷	0.3000	0.1000
	其他材料费	元	1.4500	0.3500
机械	载重汽车　5t	台班	0.1000	

2.2 通信数字同步网设备网管及系统联调

工作内容：1. 定位安装、插装机盘、接地、通电检查、单机性能测试。2. 对设备进行联调，记录数据、填写调试报告。

定 额 编 号			JYZ2-8	JYZ2-9	JYZ2-10
项 目			监控管理中心网管	本地监控终端网管	系统联调
单 位			套	套	站
基 价 （元）			**1240.39**	**320.82**	**2150.51**
其中	人 工 费 （元）		1005.48	301.64	1340.64
	材 料 费 （元）				
	机 械 费 （元）		234.91	19.18	809.87
名 称		单位	数 量		
人工	安装技术工	工日	8.8200	2.6460	11.7600
机械	网络测试仪	台班	1.7000		
	漂移测试仪	台班			1.1500
	功能检测分析平台（电脑）	台班	2.0000	0.6000	

第 **3** 章 **通信电源设备**

说　　明

一、内容范围

本章包括蓄电池安装调测、蓄电池充电及容量试验、蓄电池在线监测设备安装调测、高频开关电源安装调测、高频开关电源系统调测、配电设备安装调测、配电设备系统调测、其他电源设备安装调测。

二、未包括的内容

1. 电源设备电源电缆（线）的敷设，使用时套用本册第 7 章相关子目。

2. 蓄电池柜基础槽钢，使用时套用本册第 6 章相关子目。

3. 蓄电池补充电及容量试验所用电量的电费。

4. UPS 设备安装，使用时套用电气工程分册相关子目。

三、工程量计算规则

1. 蓄电池柜（架）安装，以"架"为计量单位。

2. 蓄电池安装调测、蓄电池补充电及容量试验、蓄电池在线监测设备，以"组"为计量单位。

3. 高频开关电源屏，以"面"为计量单位。

4. 高频开关整流模块，以"块"为计量单位。

5. 开关电源系统调测、配电系统自动性能调测，以"系统"为计量单位。

6. 开关电源远端监控调测、无人值守站内电源设备系统联测，以"站"为计量单位。

7. 配电屏、电源变换器、浪涌保护器以"台"为计量单位。

四、定额套用及调整

1. 蓄电池柜定额子目是按成套配置取定的，不包括现场加工制作。如需现场加工制作，可另行计列加工制作所需要的工、料费用。

2. 蓄电池选型为阀控式密封铅酸蓄电池，其他类型免维护蓄电池均使用此定额。

3. 补充电定额子目是指电池因出厂运输、长时间放置造成电量损耗所需的补充充电。

4. 容量试验定额子目是指为满足规范要求所做的电池容量试验，包括1次充电和1次放电。

5. 1000Ah以上大容量蓄电池采用并联方式安装的，并联部分套用相应子目乘系数0.8。

6. 开关电源监控分本地和集中监控两种，开关电源远端监控调测子目只适用于集中监控方式。

7. 浪涌保护器子目适用于电源浪涌保护，不适用于计量采集设备的浪涌保护。

3.1 蓄电池安装调测

工作内容：1. 蓄电池柜：划线定位、安装固定、加固、补刷耐酸漆等。2. 蓄电池：安装电池、调整水平、固定连线。

定 额 编 号			JYZ3-1	JYZ3-2	JYZ3-3	JYZ3-4
项 目			蓄电池柜	48V 阀控式密封铅酸蓄电池		
				300Ah 以下	500Ah 以下	1000Ah 以下
单 位			架	组	组	组
基 价（元）			**293.54**	**367.74**	**437.85**	**508.54**
其中	人 工 费（元）		129.54	239.50	308.45	377.39
	材 料 费（元）		123.42	6.50	7.66	9.41
	机 械 费（元）		40.58	121.74	121.74	121.74
名 称		单位	数 量			
人工	普通工	工日	0.7160	0.8951	0.8951	0.8951
	安装技术工	工日	0.6653	1.5120	2.1168	2.7216
计价材料	镀锌六角螺栓 综合	kg	0.2830			
	地脚螺栓 综合	kg	0.3990			
	软铜绞线 35mm²	m	4.6500			
	铜接线端子 100A	个	4.0000			
	标签色带 （12～36）mm×8m	卷	0.0380			
	热塑管	m		0.5000	0.5000	0.5000

定　额　编　号			JYZ3-1	JYZ3-2	JYZ3-3	JYZ3-4
项　　　　目			蓄电池柜	48V 阀控式密封铅酸蓄电池		
				300Ah 以下	500Ah 以下	1000Ah 以下
计价材料	凡士林	kg		0.5000	0.7000	1.0000
	其他材料费	元	2.4200	0.1300	0.1500	0.1800
机械	载重汽车　5t	台班	0.1080	0.3240	0.3240	0.3240

3.2 蓄电池补充电及容量试验

工作内容：补充电、放电、电池容量试验，测试数据记录、清洁整理。

定 额 编 号			JYZ3-5	JYZ3-6
项 目			阀控式密封铅酸蓄电池	
			补充电	容量试验
单 位			组	组
基 价（元）			**575.81**	**889.61**
其中	人 工 费（元）		517.10	620.52
	材 料 费（元）			
	机 械 费（元）		58.71	269.09
名 称		单位	数 量	
人工	安装技术工	工日	4.5360	5.4432
机械	蓄电池放电仪 电压 48~380V	台班		0.8500
	蓄电池特性容量监测仪	台班	0.8000	0.8000

3.3 蓄电池在线监测设备安装调测

工作内容：划线定位、安装固定、设备接地、通电检查、调整水平、固定连线、蓄电池性能调测、与动环监控系统联调等。

定 额 编 号			JYZ3-7
项 目			蓄电池在线监测设备
单 位			组
基 价 （元）			**906.39**
其中	人 工 费 （元）		716.21
	材 料 费 （元）		28.27
	机 械 费 （元）		161.91
名 称		单位	数 量
人工	普通工	工日	0.5967
	安装技术工	工日	5.8900
计价材料	镀锌六角螺栓 综合	kg	0.2830
	铜芯绝缘导线 截面 6mm²	m	3.0000
	铜接线端子 6mm² 以下	个	2.0000
	标签色带 （12～36）mm×8m	卷	0.0380
	热塑管	m	1.0000
	凡士林	kg	1.0000
	其他材料费	元	0.5500

定 额 编 号			JYZ3-7
项 目			蓄电池在线监测设备
机械	载重汽车 5t	台班	0.1080
	蓄电池特性容量监测仪	台班	1.0000
	功能检测分析平台（电脑）	台班	1.5000

3.4 高频开关电源安装调测

工作内容：划线定位、安装固定、设备接地、调整垂直/水平、安装附件，绝缘测试、通电前检查、单机主要电气指标性能调测等。

定 额 编 号		JYZ3-8	JYZ3-9	JYZ3-10	JYZ3-11	JYZ3-12	JYZ3-13	JYZ3-14
项 目		高频开关电源屏					高频开关整流模块	
		100A 以下	200A 以下	300A 以下	600A 以下	600A 以上	50A 以下	50A 以上
单 位		面	面	面	面	面	块	块
基 价（元）		**502.14**	**605.56**	**753.73**	**948.48**	**1143.22**	**83.80**	**124.29**
其中	人 工 费（元）	286.07	389.49	537.66	732.41	927.15	41.37	68.95
	材 料 费（元）	134.91	134.91	134.91	134.91	134.91		
	机 械 费（元）	81.16	81.16	81.16	81.16	81.16	42.43	55.34
名 称	单位	数 量						
人工 普通工	工日	0.5967	0.5967	1.1934	1.4918	1.7901		
安装技术工	工日	2.1168	3.0240	3.9312	5.4432	6.9552	0.3629	0.6048
计价材料 松香焊锡丝	kg	0.1000	0.1000	0.1000	0.1000	0.1000		
镀锌六角螺栓 综合	kg	0.2830	0.2830	0.2830	0.2830	0.2830		
软铜绞线 35mm²	m	4.7000	4.7000	4.7000	4.7000	4.7000		
铜接线端子 100A	个	4.0000	4.0000	4.0000	4.0000	4.0000		
标签色带 （12~36）mm×8m	卷	0.0380	0.0380	0.0380	0.0380	0.0380		

续表

定 额 编 号			JYZ3-8	JYZ3-9	JYZ3-10	JYZ3-11	JYZ3-12	JYZ3-13	JYZ3-14
项 目			高频开关电源屏					高频开关整流模块	
			100A 以下	200A 以下	300A 以下	600A 以下	600A 以上	50A 以下	50A 以上
计价材料	热塑管	m	1.0000	1.0000	1.0000	1.0000	1.0000		
	白蜡	kg	0.1000	0.1000	0.1000	0.1000	0.1000		
	乙醇	kg	0.5000	0.5000	0.5000	0.5000	0.5000		
	砂布	张	1.0000	1.0000	1.0000	1.0000	1.0000		
	其他材料费	元	2.6500	2.6500	2.6500	2.6500	2.6500		
机械	载重汽车 5t	台班	0.2160	0.2160	0.2160	0.2160	0.2160		
	充电机特性测试仪	台班						0.2300	0.3000

3.5 高频开关电源系统调测

工作内容：电池监视、电压分配、测量电池温度变化的补偿控制浮充电压，自动升压充电和升压充电持续时间的控制（电池状态监控功能、电池工作状态的检查、电池自动充电程序控制均衡充电），调试整流器、分配保险、线路故障监测及各种信号告警特性，电池放电电流控制，调试预防电池深放电选择杂音电压、手动工作性能，并机性能等。

定 额 编 号			JYZ3-15	JYZ3-16
项 目			开关电源系统调测	开关电源远端监控调测
单 位			系统	站
基 价（元）			**910.77**	**254.79**
其中	人 工 费（元）		379.21	206.84
	材 料 费（元）			
	机 械 费（元）		531.56	47.95
名 称		单位	数 量	
人工	安装技术工	工日	3.3264	1.8144
机械	充电机特性测试仪	台班	1.5000	
	直流标准源	台班	1.0000	
	功能检测分析平台（电脑）	台班	2.0000	1.5000

3.6 配电设备安装调测

工作内容：划线定位、安装固定、设备接地、调整垂直/水平、盘间连线、绝缘测试、检查盘内压降、测试调整。

定 额 编 号			JYZ3-17	JYZ3-18
项 目			配电屏	
			交流	直流
单 位			台	台
基 价（元）			375.41	289.70
其中	人 工 费（元）		160.27	174.07
	材 料 费（元）		133.98	34.47
	机 械 费（元）		81.16	81.16
名 称		单位	数 量	
人工	普通工	工日	0.2984	0.2984
	安装技术工	工日	1.2096	1.3306
计价材料	松香焊锡丝	kg	0.2000	0.2000
	镀锌六角螺栓 综合	kg	0.2830	0.2830
	软铜绞线 35mm²	m	4.4000	0.5000
	铜接线端子 100A	个	6.0000	4.0000
	标签色带 （12~36）mm×8m	卷	0.0380	0.0380
	热塑管	m	1.0000	0.6000

定　额　编　号			JYZ3-17	JYZ3-18
项　　　目			配电屏	
			交流	直流
计价材料	白蜡	kg	0.1000	0.1000
	乙醇	kg	0.5000	0.5000
	砂布	张	1.0000	1.0000
	其他材料费	元	2.6300	0.6800
机械	载重汽车　5t	台班	0.2160	0.2160

3.7 配电设备系统调测

工作内容：1. 配电系统自动性能调测。2. 人工倒换供电，监测、监控性能，自动装置调测。

定　额　编　号			JYZ3-19	JYZ3-20
项　　　　目			配电系统自动性能调测	无人值守站内电源设备系统调测
单　　　　位			系统	站
基　　　价（元）			**390.40**	**528.29**
其中	人　工　费（元）		379.21	517.10
	材　料　费（元）			
	机　械　费（元）		11.19	11.19
名　　　称		单位	数　　　量	
人工	安装技术工	工日	3.3264	4.5360
机械	功能检测分析平台（电脑）	台班	0.3500	0.3500

3.8 其他电源设备安装调测

工作内容：划线定位、安装固定、设备接地、安装附件、测试调整等。

定 额 编 号			JYZ3-21	JYZ3-22	JYZ3-23	JYZ3-24
项 目			电源变换器	浪涌保护器		空气开关
				电源	天馈线	63A 以下
单 位			台	台	台	只
基 价 （元）			**328.11**	**102.70**	**31.17**	**26.13**
其中	人 工 费 （元）		293.70	91.33	25.15	13.79
	材 料 费 （元）		34.41	11.37	6.02	12.34
	机 械 费 （元）					
名 称		单位	数 量			
人工	普通工	工日	0.2984	0.2984	0.0596	
	安装技术工	工日	2.3800	0.6048	0.1814	0.1210
计价材料	松香焊锡丝	kg	0.1000			
	镀锌六角螺栓 综合	kg	0.2830			
	铜芯绝缘导线 截面 6mm²	m	5.0000			2.8000
	铜接线端子 6mm² 以下	个	6.0000			
	尼龙扎带 L=120mm	根				6.0000
	标签色带 （12~36）mm×8m	卷	0.0380	0.0380	0.0380	0.0380
	线号套管	m				0.1000

定　额　编　号			JYZ3-21	JYZ3-22	JYZ3-23	JYZ3-24
项　　　　　目			电源变换器	浪涌保护器		空气开关
				电源	天馈线	63A 以下
计价材料	热塑管	m	0.4000			
	白蜡	kg	0.1000	3.0000	1.5000	0.5000
	乙醇	kg	0.2000			
	砂布	张	1.0000			
	其他材料费	元	0.6700	0.2200	0.1200	0.2400

第 **4** 章　微波通信设备

说　　明

一、内容范围

本章包括抛物面天线安装（φ2m以下）、抛物面天线安装（φ4m以下）、馈线安装、分路系统安装调测、天馈线系统调测、微波设备安装调测、微波数字段调测、全电路调测。

二、未包括的内容

1. 避雷装置安装，使用时套用电气工程分册相关子目。

2. 铁构件制作安装，使用时套用电气工程分册相关子目。

3. 设备之间电缆（线）敷设，使用时套用本定额第7章相关子目。

三、工程量计算规则

1. 抛物面天线安装、天线调测以"面"为计量单位。

2. 椭圆馈线安装，以"100m"为计量单位。

3. 椭圆馈线头制作，以"个"为计量单位。

4. 分路系统，以"系统"为计量单位。

5. 馈线调测，以"条"为计量单位。使用中不论馈线长度，均按本定额执行。

6. 收发信机、直接放大器、调制解调机、波道倒换机、监控设备、被控设备、波导充气机以"套"为计量单位。

7. 分集接收机以"部"为计量单位。

8. 数字公务以"盘"为计量单位。

9. 微波中继段调测、数字段主通道调测、公务联络调测、监控调测两个上下话路站、配合数字终端调测/调制段、全电路主通道调测、全电路辅助通道调测以"段"为计量单位。

10. 全电路集中监控性能调测、全电路稳定性能调测以"站"为计量单位。

四、定额套用及调整

1. 微波天线安装（楼顶上）仅指楼顶平面，如在楼顶铁塔上安装应另增加对应的铁塔上安装定额，微波天线调测不管楼顶上是否有铁塔，调测定额只能使用一个子目。

4.1 $\phi 2m$ 以下抛物面天线安装

工作内容：天线和天线架的搬运、安装及吊装，天线安装就位，调整天线方位和俯仰角、补漆，吊装设备的安装、拆除。

定 额 编 号		JYZ4-1	JYZ4-2	JYZ4-3	JYZ4-4	JYZ4-5	JYZ4-6
项 目		楼顶上			铁塔上		
		30m 以内	60m 以内	100m 以内	30m 以内	60m 以内	100m 以内
单 位		面	面	面	面	面	面
基 价（元）		**2291.44**	**2729.47**	**3887.80**	**3095.82**	**3600.89**	**4491.09**
其中	人 工 费（元）	1960.38	2362.57	3502.11	2764.76	3233.99	4105.40
	材 料 费（元）	68.24	68.24	68.24	68.24	68.24	68.24
	机 械 费（元）	262.82	298.66	317.45	262.82	298.66	317.45
名 称	单位	数 量					
人工 普通工	工日	2.9006	2.9006	2.9006	2.9006	2.9006	2.9006
安装技术工	工日	15.2880	18.8160	28.8120	22.3440	26.4600	34.1040
计价材料 镀锌铁丝	kg	5.0000	5.0000	5.0000	5.0000	5.0000	5.0000
塑料标识牌	个	1.0000	1.0000	1.0000	1.0000	1.0000	1.0000
冷涂锌漆	kg	2.0000	2.0000	2.0000	2.0000	2.0000	2.0000
其他材料费	元	1.3400	1.3400	1.3400	1.3400	1.3400	1.3400
机械 载重汽车 5t	台班	0.5000	0.5500	0.6000	0.5000	0.5500	0.6000
交流弧焊机 容量 21kVA	台班	0.5000	0.5000	0.5000	0.5000	0.5000	0.5000
机动绞磨 3t 以内	台班	0.2500	0.3500	0.3500	0.2500	0.3500	0.3500

4.2 φ4m以下抛物面天线安装

工作内容：天线和天线架的搬运、安装及吊装、天线安装就位，调整天线方位和俯仰角、补漆，吊装设备的安装、拆除。

定 额 编 号		JYZ4-7	JYZ4-8	JYZ4-9	JYZ4-10	JYZ4-11	JYZ4-12
项 目		楼顶上			铁塔上		
		30m以内	60m以内	100m以内	30m以内	60m以内	100m以内
单 位		面	面	面	面	面	面
基 价（元）		**3092.29**	**3622.56**	**4806.55**	**4030.74**	**4829.14**	**6013.12**
其中	人 工 费（元）	2761.23	3250.44	4409.97	3699.68	4457.02	5616.54
	材 料 费（元）	68.24	73.46	79.13	68.24	73.46	79.13
	机 械 费（元）	262.82	298.66	317.45	262.82	298.66	317.45
名 称	单位	数 量					
人工 普通工	工日	4.6410	5.8013	6.9615	4.6410	5.8013	6.9615
安装技术工	工日	21.1680	24.6960	34.1040	29.4000	35.2800	44.6880
计价材料 镀锌铁丝	kg	5.0000	6.0000	7.0000	5.0000	6.0000	7.0000
塑料标识牌	个	1.0000	2.0000	4.0000	1.0000	2.0000	4.0000
冷涂锌漆	kg	2.0000	2.0000	2.0000	2.0000	2.0000	2.0000
其他材料费	元	1.3400	1.4400	1.5500	1.3400	1.4400	1.5500
机械 载重汽车 5t	台班	0.5000	0.5500	0.6000	0.5000	0.5500	0.6000
交流弧焊机 容量 21kVA	台班	0.5000	0.5000	0.5000	0.5000	0.5000	0.5000
机动绞磨 3t以内	台班	0.2500	0.3500	0.3500	0.2500	0.3500	0.3500

4.3 馈线安装、分路系统安装调测

工作内容：丈量匹配、馈线调整固定、馈线接地、馈线头制作、组装和安装调测分路系统。

定 额 编 号		JYZ4-13	JYZ4-14	JYZ4-15	JYZ4-16
项 目		馈线		馈线头制作	分路系统
		楼房上	铁塔上		
单 位		100m	100m	个	系统
基 价（元）		**1750.69**	**3562.33**	**101.60**	**69.42**
其中	人 工 费（元）	1558.19	3344.53	33.52	67.03
	材 料 费（元）	29.61	54.91	50.54	2.39
	机 械 费（元）	162.89	162.89	17.54	
名 称	单位	数 量			
人工 普通工	工日	2.9006	3.4808		
安装技术工	工日	11.7600	27.0480	0.2940	0.5880
计价材料 镀锌六角螺栓 综合	kg			0.1000	
镀锌铁丝	kg	2.0000	5.0000		
铜编织带 35mm	m			0.5000	
硫化橡胶	kg			0.1500	
自黏性橡胶带 25mm×20m	卷	1.0000	1.0000	2.0000	
塑料标识牌	个			1.0000	1.0000
乙醇	kg	0.1000	0.1000	0.5000	0.1000

续表

定额编号			JYZ4-13	JYZ4-14	JYZ4-15	JYZ4-16
项目			馈线		馈线头制作	分路系统
			楼房上	铁塔上		
计价材料	钢锯条　各种规格	根	1.0000	1.0000	1.0000	1.0000
	砂布	张			0.5000	
	白布带　20mm×20m	卷			2.0000	
	白棕绳　φ8	kg	1.0000	2.0000		
	医用纱布	卷			1.0000	
	其他材料费	元	0.5800	1.0800	0.9900	0.0500
机械	电动单筒慢速卷扬机　30kN	台班	0.4000	0.4000		
	电力工程车	台班	0.2500	0.2500		
	数字万用表（数字式）	台班			1.0000	

4.4 天馈线系统调测

工作内容：调测天线接收场强电平及天线驻波比、极化去耦，测试馈线损耗、驻波比，调测馈线系统
极化去耦、数据记录、填写调试报告。

定　额　编　号			JYZ4-17	JYZ4-18	JYZ4-19
项　　　　目			天线调测（φ4m 以下）		馈线调测
			楼房上	铁塔上	
单　　　　位			面	面	条
基　　价（元）			**500.34**	**741.74**	**137.46**
其中	人　工　费（元）		335.16	502.74	100.55
	材　料　费（元）				
	机　械　费（元）		165.18	239.00	36.91
名　　称		单位	数　　量		
人工	安装技术工	工日	2.9400	4.4100	0.8820
机械	天馈线测试仪	台班	1.0000	1.5000	0.2500
	数字万用表（数字式）	台班	1.0000	1.0000	

4.5 微波设备安装调测

工作内容：核对预留孔洞、设备定位划线、安装设备、接地、通电检查、单机性能测试、数据记录、填写调试报告等。

定 额 编 号		JYZ4-20	JYZ4-21	JYZ4-22	JYZ4-23
项 目		收发信机	直接放大器	分集接收机	调制解调机
单 位		套	套	部	套
基 价（元）		**1111.61**	**1096.50**	**324.00**	**456.06**
其中	人 工 费（元）	612.56	841.70	100.55	234.61
	材 料 费（元）	42.15	37.30	0.99	0.99
	机 械 费（元）	456.90	217.50	222.46	220.46
名 称	单位	数 量			
人工	普通工	工日	1.1603	1.1603		
	安装技术工	工日	4.6100	6.6200	0.8820	2.0580
计价材料	松香焊锡丝	kg	0.1000	0.1000		
	镀锌六角螺栓　综合	kg	0.2830	0.2830		
	铜芯绝缘导线　截面　6mm^2	m	3.0000	3.0000		
	铜接线端子　6mm^2 以下	个	6.0000	2.0000		
	标签色带　（12~36)mm×8m	卷	0.5000	0.5000		
	热塑管	m	1.0000	1.0000		
	白蜡	kg	0.1000	0.1000		

续表

定 额 编 号			JYZ4-20	JYZ4-21	JYZ4-22	JYZ4-23
项 目			收发信机	直接放大器	分集接收机	调制解调机
计价材料	乙醇	kg	0.6000	0.6000	0.1000	0.1000
	砂布	张	1.0000	1.0000		
	脱脂棉	卷	0.1000	0.1000	0.1000	0.1000
	其他材料费	元	0.8300	0.7300	0.0200	0.0200
机械	载重汽车 5t	台班	0.2000	0.2000		
	数据分析仪（数据测试仪）	台班	0.3000			0.3000
	数字频率计（微波）	台班	0.3000	0.1000	0.3500	0.4000
	频谱分析仪 频率 9kHz~26.5GHz	台班	0.5000		0.1500	
	微波功率计	台班	0.3000	0.2000		
	微波综合测试仪	台班	0.3000	0.2000	0.2500	0.2500
	数字万用表（数字式）	台班	1.0000	1.0000	1.0000	1.0000

定 额 编 号		JYZ4-24	JYZ4-25	JYZ4-26	JYZ4-27	JYZ4-28
项 目		波道倒换机	数字公务	监控设备	被控设备	波导充气机
单 位		套	盘	套	套	套
基 价 （元）		**135.05**	**250.81**	**965.91**	**350.51**	**136.89**
其中	人 工 费 （元）	134.06	100.55	777.86	223.44	124.26
	材 料 费 （元）	0.99	0.99	37.30	37.30	12.63
	机 械 费 （元）			149.27	150.75	89.77
名 称	单位	数 量				
人工 普通工	工日			1.1603		
安装技术工	工日	1.1760	0.8820	6.0600	1.9600	1.0900
计价材料 松香焊锡丝	kg			0.1000	0.1000	
镀锌六角螺栓 综合	kg			0.2830	0.2830	0.1000
铜芯绝缘导线 截面 6mm^2	m			3.0000	3.0000	2.0000
铜接线端子 6mm^2 以下	个			2.0000	2.0000	2.0000
标签色带 （12~36）mm×8m	卷			0.5000	0.5000	0.1000
热塑管	m			1.0000	1.0000	

续表

定 额 编 号			JYZ4-24	JYZ4-25	JYZ4-26	JYZ4-27	JYZ4-28
项　　　目			波道倒换机	数字公务	监控设备	被控设备	波导充气机
计价材料	白蜡	kg			0.1000	0.1000	
	乙醇	kg	0.1000	0.1000	0.6000	0.6000	0.1000
	砂布	张			1.0000	1.0000	
	脱脂棉	卷	0.1000	0.1000	0.1000	0.1000	0.1000
	其他材料费	元	0.0200	0.0200	0.7300	0.7300	0.2500
机械	数据分析仪（数据测试仪）	台班		0.2000	0.2000	0.1000	
	微波综合测试仪	台班		0.2700	0.2000	0.1300	
	数字万用表（数字式）	台班			2.0000	1.0000	

4.6　微波数字段测试

工作内容：对测时延、幅频特性，用逐站环测的方法检查各中继段传输性能，记录数据、填写调试报告。

定　额　编　号		JYZ4-29	JYZ4-30	JYZ4-31	JYZ4-32	JYZ4-33
项　　　　目		微波中继段调测	数字段主通道调测	公务联络调测	监控调测两个上下话路站	配合数字终端调测/调制段
单　　　位		段	段	段	段	段
基　　价（元）		**1574.18**	**1081.88**	**290.80**	**425.86**	**784.46**
其中	人　工　费（元）	603.29	536.26	134.06	167.58	167.58
	材　料　费（元）					
	机　械　费（元）	970.89	545.62	156.74	258.28	616.88
名　　称	单位	数　　量				
人工 安装技术工	工日	5.2920	4.7040	1.1760	1.4700	1.4700
机械 数据分析仪（数据测试仪）	台班		0.4000		0.3000	0.5000
数字频率计（微波）	台班	0.8000	0.4000			
频谱分析仪　频率　9kHz~26.5GHz	台班	0.8000	0.4000			0.5000
微波功率计	台班	0.8000	0.4000			0.5000
微波综合测试仪	台班	1.1800	0.6000	0.2600	0.4100	0.7700
功能检测分析平台（电脑）	台班	1.0000	1.0000	1.0000	1.0000	1.0000

4.7 全电路测试

工作内容： 1. 全电路主通道测试：误码率及抖动等指标。2. 全电路辅助通道测试：直达公务信噪比调测等。3. 全电路集中监控性能检查与测试：主控站对各站遥信遥控告警等性能的测试。4. 全电路稳定性能测试。

定 额 编 号			JYZ4-34	JYZ4-35	JYZ4-36	JYZ4-37	JYZ4-38
项 目			全电路主通道调测	全电路辅助通道调测	全电路集中监控性能调测		全电路稳定性能调测
			两个终端站		主控站	次主控站	
单 位			段	段	段	站	站
基 价（元）			**1885.95**	**540.94**	**757.52**	**459.38**	**1456.04**
其中	人 工 费（元）		536.26	268.13	268.13	201.10	469.22
	材 料 费（元）						
	机 械 费（元）		1349.69	272.81	489.39	258.28	986.82
名 称		单位	数 量				
人工	安装技术工	工日	4.7040	2.3520	2.3520	1.7640	4.1160
机械	数据分析仪（数据测试仪）	台班	1.0000	0.2000	0.6000	0.3000	0.7000
	数字频率计（微波）	台班	1.0000	0.2000			0.7000
	频谱分析仪 频率 9kHz~26.5GHz	台班	1.0000	0.2000			0.7000
	微波功率计	台班	1.0000	0.2000			0.7000
	微波综合测试仪	台班	1.5700	0.3000	0.8300	0.4100	1.1000
	功能检测分析平台（电脑）	台班	1.0000	0.5000	1.0000	1.0000	2.0000

第 5 章　电力载波设备

说　　明

一、内容范围

本章包括高压电力载波设备安装调测、高压电力载波设备系统调测、中低压电力载波设备安装调测。

二、未包括的内容

1. 电力载波线路敷设，使用时套用架空、电缆线路工程分册相关子目。

2. 阻波器、滤波器安装，使用时套用电气工程分册相关子目。

三、工程量计算规则

电力载波设备安装、高频差接网络设备安装、电力载波设备联调、载波复用保护通道联调、中低压载波设备安装调测，以"套"为计量单位。

四、定额套用及调整

1. 中低压载波设备安装调测子目包括中低压载波设备系统联调工作。

2. 与电力载波设备配套的载波高频通道加工设备安装套用电气工程分册相关子目。

3. 高压电力载波设备，是指电压等级 35kV 及以上的电力载波设备；中低压电力载波设备，是指电压等级 10kV 以下的电力载波设备。

5.1 高压电力载波设备安装调测

工作内容： 划线定位、安装加固机架、接地、通电检查、单机性能测试、通道测试、设备联调、数据记录、填写调试报告。

定 额 编 号		JYZ5-1	JYZ5-2
项 目		电力载波设备	高频差接网络设备
单 位		套	套
基 价 （元）		**942.71**	**283.56**
其中	人 工 费 （元）	344.38	134.06
	材 料 费 （元）	22.51	3.97
	机 械 费 （元）	575.82	145.53
	名 称	单位	数 量	
人工	普通工	工日	0.2901	
	安装技术工	工日	2.8300	1.1760
计价材料	松香焊锡丝	kg	0.1000	
	镀锌六角螺栓 综合	kg	0.2830	
	铜芯绝缘导线 截面 6mm²	m	3.0000	
	铜接线端子 6mm² 以下	个	2.0000	
	标签色带 （12~36）mm×8m	卷	0.0380	0.0380
	热塑管	m	0.2000	0.2000
	白蜡	kg	0.1000	

续表

定　额　编　号			JYZ5-1	JYZ5-2
项　　　　目			电力载波设备	高频差接网络设备
计价材料	乙醇	kg	0.5000	0.5000
	砂布	张	1.0000	
	其他材料费	元	0.4400	0.0800
机械	频率响应分析仪	台班	0.1000	
	高频电缆测试仪	台班	0.1000	0.3000
	选频电平表	台班	1.5500	0.4800
	选频振荡器	台班	0.5000	0.3000
	功能检测分析平台（电脑）	台班	1.5000	1.0000
	数字万用表（数字式）	台班	1.0000	1.0000

5.2 高压电力载波设备系统调测

工作内容：对通道进行测试、对设备进行联调、数据记录、填写调试报告。

	定　额　编　号		JYZ5-3	JYZ5-4
	项　　　目		电力载波设备联调	载波复用保护通道联调
	单　　　位		套	套
	基　　价（元）		**1445.83**	**523.12**
其中	人　工　费（元）		536.26	134.06
	材　料　费（元）			
	机　械　费（元）		909.57	389.06
	名　　　称	单位	数　　　量	
人工	安装技术工	工日	4.7040	1.1760
机械	频率响应分析仪	台班	0.2100	0.1100
	高频电缆测试仪	台班	0.2000	0.1000
	选频电平表	台班	0.5000	0.1000
	选频振荡器	台班	0.5000	0.1000
	阻波器、结合滤波器自动测试仪	台班	0.5000	0.1000
	功能检测分析平台（电脑）	台班	4.0000	1.0000

5.3 中低压电力载波设备安装调测

工作内容： 划线定位、安装加固机架、接地、通电检查、单机性能测试、通道测试、设备联调、数据记录、填写调试报告。

定　额　编　号		JYZ5-5	JYZ5-6
项　　　　目		中低压载波设备	
		从载波设备	主载波设备
单　　　　位		套	套
基　　价（元）		**83.64**	**157.06**
其中	人　工　费（元）	67.03	134.06
	材　料　费（元）	11.81	11.81
	机　械　费（元）	4.80	11.19
名　　　称	单位	数　　　量	
人工 安装技术工	工日	0.5880	1.1760
计价材料 镀锌六角螺栓　综合	kg	0.2830	0.2830
标签色带　（12～36)mm×8m	卷	0.5000	0.5000
乙醇	kg	0.1000	0.1000
脱脂棉	卷	0.1000	0.1000
其他材料费	元	0.2300	0.2300
机械 功能检测分析平台（电脑）	台班	0.1500	0.3500

第 **6** 章　辅　助　设　备

说　明

一、内容范围

本章包括电缆槽道、走线架、设备底座安装，光纤配线架安装，数字配线架安装，音频配线架安装，分线设备安装、智能光纤配线架安装调测。

二、未包括的内容

1. 电缆槽道通过沉降缝、伸缩缝等需特殊处理所增加的费用。

2. 电缆槽道支吊架制作安装，使用时套用电气工程分册相关子目。

3. 凿槽刨沟、打穿墙洞。

4. 设备至配线架的线缆布放，使用时套用本定额第 7 章相关子目。

三、工程量计算规则

1. 电缆槽道、电缆走线架、槽钢安装，以"m"为计量单位。

2. 机架、电源分配架、光纤配线架整架、数字配线架整架、网络配线架整架、音频配线架，以"架"为计量单位。

3. 电源切换装置，以"个"为计量单位，电源切换装置是指双路直流输入，单路直流输出的切换装置。

4. 制作安装设备底座、光缆交接箱、滑梯、保安单元、电缆交接配线箱、音频分线盒、高频分线盒、光纤配线架子架、数字配线架子架、网络配线架子架，以"个"为计量单位。

5. 测量台、业务台、辅助台，以"台"为计量单位。滑梯、测量台、业务台、辅助台、总信号灯盘为大容量音频配线架配套辅助设备，是按成套配置取定的。

6. 智能光纤配线架，以"台"为计量单位。

7. 总信号灯盘，以"盘"为计量单位。

8. 网管系统，以"套"为计量单位。

四、定额套用及调整

1. 机架子目适用于机架独立安装，当设备与机架由厂家整套提供时，只套用设备安装子目，机架子目不套用。

2. 电缆槽道定额子目不分主槽道、过桥、汇流、垂直、对墙槽道，均执行统一定额标准。

3. 无论传输、交换等设备机房，凡是单独有电源分配架的均执行本定额子目。

4. 配线架整架安装按成套基本配置取定，包括机柜安装。

5. 配线架子架子目包括子框和端子板的安装。

6. 综合配线架可按配线容量大的类型套用配线架子目。

7. 智能光纤配线架子目已包含与网管系统的调测工作，网管系统子目只适用于新上网管系统。

6.1 电缆槽道、走线架及其他安装

工作内容： 1. 划线定位、组装、安装固定、打孔、接地等。2. 槽钢安装、刷漆等。

定 额 编 号		JYZ6-1	JYZ6-2	JYZ6-3	JYZ6-4	JYZ6-5	JYZ6-6
项 目		机架	电缆槽道	电缆走线架	电源切换装置	制作安装设备底座	槽钢安装
单 位		架	m	m	个	个	m
基 价（元）		**253.00**	**30.57**	**23.87**	**63.36**	**81.19**	**16.58**
其中	人 工 费（元）	110.54	24.46	17.76	46.92	55.27	11.97
	材 料 费（元）	142.46	6.11	6.11	16.44	25.92	4.61
	机 械 费（元）						
名 称	单位	数 量					
人工 普通工	工日	0.5801	0.0580	0.0580		0.2901	
安装技术工	工日	0.5880	0.1764	0.1176	0.4116	0.2940	0.1050
计价材料 角钢 综合	kg					6.4000	
镀锌扁钢 综合	kg						0.2700
圆钢 φ10以下	kg						0.4100
薄钢板 1.0以下	kg						0.1000
电焊条 J422 综合	kg						0.0600
镀锌六角螺栓 综合	kg	0.0265					
地脚螺栓 综合	kg	0.4500	0.6000	0.6000		0.2830	

续表

定 额 编 号			JYZ6-1	JYZ6-2	JYZ6-3	JYZ6-4	JYZ6-5	JYZ6-6
项 目			机架	电缆槽道	电缆走线架	电源切换装置	制作安装设备底座	槽钢安装
计价材料	不锈钢螺丝 M5×12	个				4.0000		
	软铜绞线 16mm^2	m				1.0000		
	软铜绞线 35mm^2	m	5.4000					
	铜接线端子 16mm^2	个				2.0000		
	铜接线端子 100A	个	4.0000					
	标签色带 （12~36）mm×8m	卷	0.1000	0.0380	0.0380	0.0380		
	热塑管	m	0.2200	0.2000	0.2000	0.1000		
	醇酸防锈漆	kg						0.0200
	普通调和漆	kg						0.0200
	钢锯条 各种规格	根						0.1000
	砂布	张						0.2000
	无絮棉布	kg						0.0100
	其他材料费	元	2.7900	0.1200	0.1200	0.3200	0.5100	0.0900

6.2 光纤配线架安装

工作内容: 划线定位、安装固定、接地等。

定 额 编 号		JYZ6-7	JYZ6-8	JYZ6-9
项 目		光纤配线架		光缆交接箱
		整架	子架	
单 位		架	个	个
基 价(元)		**383.60**	**30.87**	**530.85**
其中	人 工 费(元)	221.09	25.65	412.18
	材 料 费(元)	124.94	5.22	118.67
	机 械 费(元)	37.57		
名 称	单位	数 量		
人工	普通工	工日	1.1603		0.5801
	安装技术工	工日	1.1760	0.2250	3.2340
计价材料	松香焊锡丝	kg	0.1000		0.2000
	镀锌六角螺栓 综合	kg	0.2830	0.0150	
	膨胀螺栓 M8	套			4.0000
	不锈钢螺丝 M5×12	个		4.0000	
	软铜绞线 35mm^2	m	4.5000		4.2000
	铜芯绝缘导线 截面 6mm^2	m		0.5000	
	铜接线端子 6mm^2 以下	个		2.0000	

定额编号		JYZ6-7	JYZ6-8	JYZ6-9
项目		光纤配线架		光缆交接箱
		整架	子架	
计价材料	铜接线端子 100A	个	4.0000		2.0000
	标签色带 （12~36）mm×8m	卷	0.0380		0.0380
	自黏性橡胶带 25mm×20m	卷			0.6000
	热塑管	m			0.2000
	白蜡	kg			0.1000
	乙醇	kg	0.5000	0.0500	
	脱脂棉	卷	0.5000	0.0500	
	其他材料费	元	2.4500	0.1000	2.3300
机械	载重汽车 5t	台班	0.1000		

6.3 数字配线架安装

工作内容: 划线定位、安装固定、安装端子板、接地、调整清理等。

定 额 编 号		JYZ6-10	JYZ6-11
项 目		数字配线架	
		整架	子架
单 位		架	个
基 价 (元)		**374.88**	**24.15**
其中 人 工 费 (元)		212.37	19.04
材 料 费 (元)		124.94	5.11
机 械 费 (元)		37.57	
名 称	单位	数 量	
人工 普通工	工日	1.0441	
安装技术工	工日	1.1760	0.1670
计价材料 松香焊锡丝	kg	0.1000	
镀锌六角螺栓 综合	kg	0.2830	
不锈钢螺丝 M5×12	个		4.0000
软铜绞线 35mm^2	m	4.5000	
铜芯绝缘导线 截面 6mm^2	m		0.5000
铜接线端子 6mm^2 以下	个		2.0000
铜接线端子 100A	个	4.0000	

定 额 编 号			JYZ6-10	JYZ6-11
项 目			数字配线架	
			整架	子架
计价材料	标签色带 （12~36）mm×8m	卷	0.0380	
	乙醇	kg	0.5000	0.0500
	脱脂棉	卷	0.5000	0.0500
	其他材料费	元	2.4500	0.1000
机械	载重汽车 5t	台班	0.1000	

6.4 网络配线架安装

工作内容：固定箱体、箱内件组装、接地连线等。

定 额 编 号		JYZ6-12	JYZ6-13
项 目		网络配线架	
		整架	子架
单 位		架	个
基 价（元）		**370.54**	**22.89**
其中	人 工 费（元）	208.03	17.78
	材 料 费（元）	124.94	5.11
	机 械 费（元）	37.57	
名 称	单位	数 量	
人工 普通工	工日	0.9862	
安装技术工	工日	1.1760	0.1560
计价材料 松香焊锡丝	kg	0.1000	
镀锌六角螺栓 综合	kg	0.2830	
不锈钢螺丝 M5×12	个		4.0000
软铜绞线 35mm^2	m	4.5000	
铜芯绝缘导线 截面 6mm^2	m		0.5000
铜接线端子 6mm^2 以下	个		2.0000
铜接线端子 100A	个	4.0000	

续表

定 额 编 号			JYZ6-12	JYZ6-13
项 目			网络配线架	
			整架	子架
计价材料	标签色带 （12~36）mm×8m	卷	0.0380	
	乙醇	kg	0.5000	0.0500
	脱脂棉	卷	0.5000	0.0500
	其他材料费	元	2.4500	0.1000
机械	载重汽车 5t	台班	0.1000	

6.5 音频配线架安装

工作内容：划线定位、安装固定、安装端子板（模块）、安装告警信号装置、接地、调整清理等。

定 额 编 号		JYZ6-14	JYZ6-15	JYZ6-16	JYZ6-17	JYZ6-18	JYZ6-19
项　　　　目		音频配线架			滑梯	测量台、业务台、辅助台	总信号灯盘
		模块（100回线）	1000回以下	1000回以上		安装	
单　　　　位		个	架	架	个	台	盘
基　　价（元）		**11.83**	**995.55**	**1677.03**	**62.51**	**194.89**	**20.36**
其中	人　工　费（元）	6.70	579.76	1092.50	62.33	194.39	20.11
	材　料　费（元）	0.50	365.62	534.36	0.18	0.50	0.25
	机　械　费（元）	4.63	50.17	50.17			
名　　称	单位			数　　量			
人工 普通工	工日		0.5801	1.1603	0.1160		
安装技术工	工日	0.0588	4.7040	8.8200	0.4704	1.7052	0.1764
计价材料 松香焊锡丝	kg		0.3000	0.3000			
镀锌六角螺栓　综合	kg				0.0250		
不锈钢螺丝　M5×12	个					4.0000	2.0000
软铜绞线　35mm^2	m		5.0000	3.0000			

定 额 编 号			JYZ6-14	JYZ6-15	JYZ6-16	JYZ6-17	JYZ6-18	JYZ6-19
项　　　目			音频配线架			滑梯	测量台、业务台、辅助台	总信号灯盘
			模块（100 回线）	1000 回以下	1000 回以上		安装	
计价材料	铜接线端子　100A	个		4.0000	4.0000			
	热缩管	m		3.0000	5.0000			
	灯头信号灯卡口	只		2.0000	4.0000			
	三相照明开关	个		1.0000	2.0000			
	标签色带　（12~36）mm×8m	卷		0.4000	0.4000			
	尼龙卡扣（100 支）	袋		1.0000	2.0000			
	白蜡	kg		0.1000	0.2000			
	乙醇	kg	0.0500	0.5000	0.5000			
	钢锯条　各种规格	根		0.4000	0.5000			
	脱脂棉	卷	0.0500	0.5000	0.5000			
	其他材料费	元	0.0100	7.1700	10.4800		0.0100	
机械	电缆标牌机	台班	0.0600	0.6500	0.6500			

6.6 分线设备安装

工作内容：划线定位、安装固定、安装端子板（模块）、接地、调整清理等。

定 额 编 号			JYZ6-20	JYZ6-21	JYZ6-22	JYZ6-23	JYZ6-24
项 目			保安单元		电缆交接配线箱		
			100 回线以下	200 回线以下	300 回线以下	600 回线以下	1000 回线以下
单 位			个	个	个	个	个
基 价 （元）			**352.27**	**426.37**	**489.05**	**589.44**	**729.88**
其中	人 工 费 （元）		201.10	268.13	364.64	463.60	601.18
	材 料 费 （元）		151.17	158.24	124.41	125.84	128.70
	机 械 费 （元）						
名 称		单位	数 量				
人工	普通工	工日			0.8400	0.9975	1.3125
	安装技术工	工日	1.7640	2.3520	2.6460	3.4104	4.4100
计价材料	松香焊锡丝	kg	1.2000	1.4000	0.2000	0.2000	0.2000
	膨胀螺栓 M8	套	4.0000	4.0000	4.0000	4.0000	4.0000
	软铜绞线 35mm²	m	4.5000	4.5000	4.5000	4.5000	4.5000

定 额 编 号			JYZ6-20	JYZ6-21	JYZ6-22	JYZ6-23	JYZ6-24
项 目			保安单元		电缆交接配线箱		
			100 回线以下	200 回线以下	300 回线以下	600 回线以下	1000 回线以下
计价材料	铜接线端子 100A	个	2.0000	2.0000	2.0000	2.0000	2.0000
	标签色带 （12~36）mm×8m	卷	0.0380	0.0380	0.0380	0.0380	0.0380
	自黏性橡胶带 25mm×20m	卷	0.2000	0.4000	0.4000	0.6000	1.0000
	热塑管	m	0.2000	0.2000	0.2000	0.2000	0.2000
	白蜡	kg	0.1000	0.1000	0.1000	0.1000	0.1000
	其他材料费	元	2.9600	3.1000	2.4400	2.4700	2.5200

定 额 编 号		JYZ6-25	JYZ6-26	JYZ6-27	JYZ6-28
项 目		音频分线盒			高频分线盒安装
		20 回线以下	50 回线以下	100 回线以下	
单 位		个	个	个	个
基 价（元）		**37.60**	**52.68**	**71.44**	**139.88**
其中	人 工 费（元）	33.52	47.88	65.84	100.55
	材 料 费（元）	4.08	4.80	5.60	39.33
	机 械 费（元）				
名 称	单位	数 量			
人工 安装技术工	工日	0.2940	0.4200	0.5775	0.8820
计价材料 松香焊锡丝	kg				1.2000
膨胀螺栓 M8	套	4.0000	4.0000	4.0000	4.0000
标签色带 （12～36）mm×8m	卷	0.0100	0.0100	0.0150	0.0100
自黏性橡胶带 25mm×20m	卷	0.2000	0.3000	0.4000	0.4000
其他材料费	元	0.0800	0.0900	0.1100	0.7700

6.7 智能光纤配线架安装调测

工作内容：划线定位、安装固定、接地、固定光纤活接头、检查核对架内架间电缆、通电检查、单机性能测试、设备自检、修改数据、试通调试、网络管理系统运行试验等。

定 额 编 号		JYZ6-29	JYZ6-30	JYZ6-31
项 目		智能光纤配线架		网管系统
		48 芯	96 芯	
单 位		台	台	套
基 价（元）		**1353.84**	**1988.60**	**1104.82**
其中	人 工 费（元）	1115.10	1672.65	1029.42
	材 料 费（元）	127.99	168.61	11.47
	机 械 费（元）	110.75	147.34	63.93
名 称	单位	数 量		
人工 普通工	工日	2.1000	3.1500	
安装技术工	工日	8.4000	12.6000	9.0300
计价材料 松香焊锡丝	kg	0.1000	0.1000	
镀锌六角螺栓 综合	kg	0.1400	0.1400	
软铜绞线 35mm²	m	3.0000	3.0000	
铜接线端子 100A	个	4.0000	4.0000	
尼龙扎带 $L=120$mm	根	96.0000	192.0000	
标签色带 （12～36）mm×8m	卷	1.9200	3.8400	0.6000

续表

定 额 编 号			JYZ6-29	JYZ6-30	JYZ6-31
项 目			智能光纤配线架		网管系统
			48 芯	96 芯	
计价材料	塑料软管 φ5	m	2.0000	4.0000	
	乙醇	kg	0.5000	0.5000	0.1000
	脱脂棉	卷	0.5000	0.5000	0.1000
	其他材料费	元	2.5100	3.3100	0.2200
机械	载重汽车 5t	台班	0.1000	0.1000	
	光功率计	台班	2.0000	3.0000	
	功能检测分析平台（电脑）	台班			2.0000

第 7 章　电　缆

说　　明

一、内容范围

本章包括布放射频同轴电缆、电源电缆、布放电话线、以太网线、音频配线架布放跳线、数字分配架布放跳线、放绑软光纤、射频同轴电缆头制作，编绑、焊（卡）接设备电缆。

二、未包括的内容

设备之间连接光缆敷设，使用时套用本册第17章相关子目。

三、工程量计算规则

1. 布放射频同轴电缆，以"100m"为计量单位，未包括同轴电缆头制作安装。

2. 数字分配架布放跳线，以"100条"为计量单位，未包括同轴电缆头制作安装。

3. 同轴电缆头制作，以"个"为计量单位，同轴电缆1芯按2个同轴电缆头计算，厂家提供的射频同轴电缆如已包含电缆头，射频同轴电缆头制作不得计算。

4. 布放电话线、以太网线，以"100m"为计量单位，包括线缆头制作及试通。

5. 音频配线架布放跳线，以"100回线"为计量单位。

6. 放绑软光纤、固定线缆，以"条"为计量单位。

7. 电源电缆，以"100m"为计量单位，包括电缆头的制作安装，截面积指单芯电缆截面，当使用多芯电缆时套用电气工程分册相关子目。

四、定额套用及调整

1. 固定线缆定额子目是指固定一条设备电缆的定额标准，包括电缆两端头制作、编绑。

2. 音频配线架布放跳线定额子目塑料跳线数量是按一架 8 直列或 9 直列计算，跳线为未计价材料。

3. 布放电话、以太网线，定额已综合各种规格型号、电缆芯数，使用时不作调整。

4. 放绑软光纤指放绑单芯或双芯成品软光纤，定额已综合考虑光纤长度，使用时不作调整。

5. 数字分配架布放（改接）跳线，以"100 条"为计量单位。带有 U 型接线的数字分配架不得使用本定额子目。

7.1 布放设备电缆

工作内容: 放线、分线、绑扎、剥隔离皮、做头、对线、焊（卡）线、整理、试通等。

定　额　编　号			JYZ7-1	JYZ7-2	JYZ7-3	JYZ7-4	JYZ7-5	JYZ7-6
项　　　　目			布放射频同轴电缆	布放电话、以太网线	射频同轴电缆头制作	音频配线架布放跳线	数字分配架布放跳线	放绑软光纤
单　　　位			100m	100m	个	100回线	100条	条
基　　价（元）			**163.61**	**132.58**	**15.95**	**106.04**	**301.84**	**20.06**
其中	人　工　费（元）		107.25	100.55	15.41	100.55	201.10	14.36
	材　料　费（元）		56.36	32.03	0.54	5.49	100.74	5.70
	机　械　费（元）							
名　　　称		单位	数　　　量					
人工	安装技术工	工日	0.9408	0.8820	0.1352	0.8820	1.7640	0.1260
计价材料	松香焊锡丝	kg			0.0022			
	钢卡钉　2号	盒		0.5000				
	尼龙扎带　L=120mm	根		100.0000		10.0000	10.0000	5.0000
	尼龙扎带　L=200mm	根	50.0000			10.0000	10.0000	
	标签色带　（12~36）mm×8m	卷	0.7500	0.7500	0.0200		3.7500	0.0400
	网线连线水晶头	个		10.0000		5.0000		
	自黏性橡胶带　25mm×20m	卷		0.1200				
	塑料软管　φ16	m						2.0000

续表

定　额　编　号			JYZ7-1	JYZ7-2	JYZ7-3	JYZ7-4	JYZ7-5	JYZ7-6
项　　　　　目			布放射频同轴电缆	布放电话、以太网线	射频同轴电缆头制作	音频配线架布放跳线	数字分配架布放跳线	放绑软光纤
计价材料	热塑管	m	5.0000		0.0150			
	塑料标识牌	个	5.0000					
	尼龙卡扣（100 支）	袋		0.1000			2.0000	0.1000
	乙醇	kg			0.0050			
	其他材料费	元	1.1100	0.6300	0.0100	0.1100	1.9800	0.1100

定 额 编 号		JYZ7-7	JYZ7-8	JYZ7-9	JYZ7-10	JYZ7-11	JYZ7-12	JYZ7-13
项 目		固定线缆			电源电缆			
		32 芯以下	64 芯以下	128 芯以下	截面积（mm²）			
					10	16	35	95
单 位		条	条	条	100m	100m	100m	100m
基 价 （元）		**52.92**	**84.00**	**150.39**	**174.62**	**189.97**	**214.33**	**331.82**
其中	人 工 费 （元）	26.81	33.52	53.63	98.43	110.54	127.13	149.31
	材 料 费 （元）	26.11	50.48	96.76	66.76	70.00	74.96	170.27
	机 械 费 （元）				9.43	9.43	12.24	12.24
名 称	单位	数 量						
人工 普通工	工日				0.5202	0.5801	0.6672	0.7900
安装技术工	工日	0.2352	0.2940	0.4704	0.5212	0.5880	0.6762	0.7900
松香焊锡丝	kg	0.0200	0.0300	0.0500				
镀锌六角螺栓　综合	kg				0.8000	0.8000	0.8000	0.8000
镀锌铁丝	kg				0.2530	0.2940	0.3920	0.5880
电缆卡子　40	个				24.5000	24.5000	24.5000	
电缆卡子　100	个							24.5000
热收缩封头　1~4 号	只				4.9000	4.9000	4.9000	4.9000
封铅	kg				0.6120	0.7840	0.9996	1.5190
尼龙扎带　L=120mm	根	10.0000	15.0000	20.0000				
尼龙扎带　L=200mm	根				20.0000	20.0000	20.0000	
尼龙扎带　L=300mm	根							20.0000

91

续表

定 额 编 号			JYZ7-7	JYZ7-8	JYZ7-9	JYZ7-10	JYZ7-11	JYZ7-12	JYZ7-13
项 目			固定线缆			电源电缆			
			32 芯以下	64 芯以下	128 芯以下	截面积（mm^2）			
						10	16	35	95
计价材料	标签色带 （12~36）mm×8m	卷	1.2380	2.6000	5.2000				
	自黏性橡胶带 25mm×20m	卷				0.1620	0.1960	0.2940	0.3920
	热塑管	m	0.1000	0.1000	0.1000				
	塑料标识牌	个	2.0000	2.0000	2.0000	5.8800	5.8800	5.8800	5.8800
	尼龙卡扣 （100 支）	袋	0.1000	0.1000	0.1000				
	汽油	kg				0.3100	0.4900	0.7350	0.8330
	硬酯酸 一级	kg				0.0234	0.0294	0.0490	0.0784
	尼龙绳 φ25	kg				0.1490	0.1490	0.1490	0.1490
	其他材料费	元	0.5100	0.9900	1.9000	1.3100	1.3700	1.4700	3.3400
机械	汽车式起重机 起重量 16t	台班				0.0075	0.0075	0.0075	0.0075
	载重汽车 5t	台班				0.0075	0.0075	0.0150	0.0150

第 **8** 章 交换设备

说　明

一、内容范围

本章包括行政程控电话交换设备安装调测、行政程控电话交换设备系统联调、电力调度程控交换机安装调测、电力调度程控交换机系统联调、IMS 设备安装调测、IMS 设备系统调试。

二、未包括的内容

1. 设备电源电缆（线）敷设，使用时套用本定额第 7 章相关子目。

2. 电源分配架安装，使用时套用本册第 3 章相关子目。

三、工程量计算规则

1. 行政程控电话交换设备、电力调度程控交换机，以"架"为计量单位。程控汇接设备执行程控电话交换设备定额子目，其软硬件测试执行中继线调试定额子目。

2. 维护终端、话务台、告警设备、电力调度台、核心设备、应用服务设备、网关设备、AG 接入网关、IAD 接入设备、IP 话务台设备，以"台"为计量单位。

3. 用户集线器（SLC）设备，以"500 线/架"为计量单位，定额单位"线"是指门数。

4. 交换设备电路板，以"块"为计量单位。

5. 程控交换机计费系统、电力调度录音装置，以"套"为计量单位。

6. 用户线（市话）测试、增值服务调试，以"千线"为计量单位，定额单位"千线"是指交换门数。

7. 电力调度程控交换机系统联调，以"系统"为计量单位。

8. 中继线调试，以"千路端"为计量单位，包含了7信令、Q信令、环路中继的调试内容。

9. 基础业务应用平台调试以"系统"为计量单位。

10. 增值业务应用平台调试包括短信平台、Web视频会议平台、彩铃系统、计费系统等，以"系统"为计量单位。

四、定额套用及调整

1. 安装测试用户集线器设备的定额包括与电话交换设备间的线缆连接。

2. 不论长途、市话程控交换设备均执行同一标准，但列内头、中、尾电源分配架安装时套用本定额第3章相关子目。

3. 软交换设备安装调测、系统联调执行IMS设备相关定额子目，其中核心设备安装调测定额乘以系数0.6。

8.1 行政程控电话交换设备安装调测

工作内容： 划线定位、安装固定、安装机盘及电路板、接地、设备静态检查、通电、本机指标测试、软件安装、调试开通、清洁整理等。

定 额 编 号			JYZ8-1	JYZ8-2	JYZ8-3	JYZ8-4	JYZ8-5
项 目			行政程控电话交换设备	用户集线器（SLC）设备	交换设备板卡	程控交换机计费系统	维护终端、话务台、告警设备
单 位			架	500线/架	块	套	台
基 价（元）			**1616.05**	**1337.68**	**28.46**	**2246.30**	**215.56**
其中	人 工 费（元）		1082.50	1005.48	20.11	967.86	168.72
	材 料 费（元）		89.57	92.81	0.66	12.78	14.87
	机 械 费（元）		443.98	239.39	7.69	1265.66	31.97
名 称		单位	数 量				
人工	普通工	工日	0.5801				
	安装技术工	工日	9.1140	8.8200	0.1764	8.4900	1.4800
计价材料	松香焊锡丝	kg	0.1000			0.0500	0.0500
	镀锌六角螺栓 综合	kg	0.2830	0.2830			0.2830
	软铜绞线 35mm²	m	3.0000	3.0000			
	铜芯绝缘导线 截面 6mm²	m				1.8000	1.8000
	铜接线端子 6mm² 以下	个				3.0000	3.0000

续表

定 额 编 号			JYZ8-1	JYZ8-2	JYZ8-3	JYZ8-4	JYZ8-5
项 目			行政程控电话交换设备	用户集线器(SLC)设备	交换设备板卡	程控交换机计费系统	维护终端、话务台、告警设备
计价材料	铜接线端子 100A	个	6.0000	6.0000			
	标签色带 (12~36)mm×8m	卷	0.0380	0.5000	0.0380	0.0380	0.0380
	热塑管	m	0.1000			0.0500	0.0500
	白蜡	kg	0.1000			0.0500	0.0500
	乙醇	kg	0.0500			0.0250	0.0250
	砂布	张	1.0000			0.5000	0.5000
	其他材料费	元	1.7600	1.8200	0.0100	0.2500	0.2900
机械	载重汽车 5t	台班	0.1000	0.1000			
	数据分析仪(数据测试仪)	台班	1.0000	0.8000		3.0000	
	信令测试分析仪	台班	1.0000	0.3300	0.0200	3.4000	
	功能检测分析平台(电脑)	台班	1.0000	1.0000	0.0200	1.0000	1.0000
	线路分析仪	台班			0.0200		

8.2 行政程控电话交换设备系统联调

工作内容：平台测试、通话测试、自环测试、中继测试、连通测试、数据记录、填写调试报告。

定 额 编 号		JYZ8-6	JYZ8-7	JYZ8-8
项 目		用户线调试	中继线调试	增值服务调试
			7信令、Q信令、环路中继	三方会议、呼叫等待等功能
单 位		千线	千路端	千线
基 价 （元）		**2860.93**	**5544.09**	**1411.30**
其中	人 工 费 （元）	603.29	1675.80	1340.64
	材 料 费 （元）	6.73	6.73	6.73
	机 械 费 （元）	2250.91	3861.56	63.93
名 称	单位	数 量		
人工 安装技术工	工日	5.2920	14.7000	11.7600
计价材料 复印纸（A4）	包	0.5000	0.5000	0.5000
其他材料费	元	0.1300	0.1300	0.1300
机械 信令测试分析仪	台班	0.5000	0.8700	
语音质量测试仪	台班	0.5000	0.8700	
用户、中继模拟呼叫测试仪	台班	0.5000	0.8700	
功能检测分析平台（电脑）	台班		1.0000	2.0000
数字万用表（数字式）	台班	4.0000	2.0000	

8.3 电力调度程控交换机安装调测

工作内容：划线定位、安装固定、插装机盘及电路板、接地、设备静态检查、通电、本机指标测试、清洁整理等。

定额编号			JYZ8-9	JYZ8-10	JYZ8-11	JYZ8-12	JYZ8-13	JYZ8-14	JYZ8-15
项　　　目			电力调度程控交换机		电力调度台		扩装调度交换设备		电力调度录音装置
			128线以下	128线以上	128键以下	128键以上	公控板	用户板	
单　　　位			架	架	台	台	块	块	套
基　价（元）			**976.88**	**1792.74**	**307.48**	**451.24**	**107.23**	**148.43**	**358.81**
其中	人 工 费（元）		378.67	981.96	135.66	172.14	100.55	134.06	331.74
	材 料 费（元）		88.15	105.33	15.61	24.20	0.66	0.66	27.07
	机 械 费（元）		510.06	705.45	156.21	254.90	6.02	13.71	
名　　称		单位	数　　　量						
人工	普通工	工日	0.5801	0.5801					
	安装技术工	工日	2.9400	8.2320	1.1900	1.5100	0.8820	1.1760	2.9100
计价材料	镀锌六角螺栓　综合	kg	0.2830	0.2830					0.2830
	软铜绞线　35mm^2	m	3.0000	3.0000					
	铜芯绝缘导线　截面 6mm^2	m			2.0000	2.0000			5.0000
	铜接线端子　6mm^2 以下	个			4.0000	4.0000			2.0000
	铜接线端子　100A	个	4.0000	4.0000					

续表

定 额 编 号			JYZ8-9	JYZ8-10	JYZ8-11	JYZ8-12	JYZ8-13	JYZ8-14	JYZ8-15
项　　　　目			电力调度程控交换机		电力调度台		扩装调度交换设备		电力调度录音装置
			128线以下	128线以上	128键以下	128键以上	公控板	用户板	
计价材料	标签色带 （12~36）mm×8m	卷	0.0760	0.0760			0.0380	0.0380	
	热塑管	m	0.6000	3.0000	0.3000	1.5000			0.8000
	乙醇	kg	0.5000	0.5000	0.5000	0.5000			
	其他材料费	元	1.7300	2.0700	0.3100	0.4700	0.0100	0.0100	0.5300
机械	载重汽车　5t	台班	0.1000	0.1000					
	信令测试分析仪	台班					0.0100	0.0300	
	语音质量测试仪	台班	0.1000	0.1400	0.0380	0.0620			
	用户、中继模拟呼叫测试仪	台班	0.1000	0.1400	0.0380	0.0620			
	功能检测分析平台（电脑）	台班	2.0000	3.0000	0.0300	0.0500	0.0300	0.0500	
	线路分析仪	台班					0.0300	0.0500	

8.4 电力调度程控交换机系统联调

工作内容:设备软、硬件平台性能指标测试,建立运行方式数据库,与电网调度系统连通测试,数据
记录,填写调试报告。

定 额 编 号			JYZ8-16
项 目			电力调度程控交换机系统联调
单 位			系统
基 价 (元)			**1813. 23**
其中	人 工 费 (元)		670. 32
	材 料 费 (元)		1. 87
	机 械 费 (元)		1141. 04
名 称		单位	数 量
人工	安装技术工	工日	5. 8800
计价材料	乙醇	kg	0. 5000
	其他材料费	元	0. 0400
机械	语音质量测试仪	台班	0. 2500
	用户、中继模拟呼叫测试仪	台班	0. 2500
	功能检测分析平台(电脑)	台班	1. 0000
	数字万用表(数字式)	台班	5. 0000

8.5 IMS 设备安装调测

工作内容：划线定位、安装固定、安装机板卡、接地、设备静态检查、通电、本机指标测试、清洁整理等。

	定　额　编　号		JYZ8-17	JYZ8-18	JYZ8-19	JYZ8-20	JYZ8-21	JYZ8-22
	项　　　　目		核心设备	应用服务器	网关设备	AG 接入网关	IAD 接入设备	IP 话务台设备
	单　　　　位		台	台	台	台	台	台
	基　　价（元）		**1241.51**	**622.40**	**524.36**	**616.75**	**401.24**	**314.87**
其中	人　工　费（元）		1055.42	533.62	435.58	496.00	312.46	224.68
	材　料　费（元）		17.49	16.08	16.08	16.08	16.08	17.49
	机　械　费（元）		168.60	72.70	72.70	104.67	72.70	72.70
	名　　　　称	单位			数　　　量			
人工	普通工	工日	1.3650	0.2901	0.2901	0.2901	0.2901	0.2901
	安装技术工	工日	8.3600	4.4900	3.6300	4.1600	2.5500	1.7800
计价材料	松香焊锡丝	kg	0.0500					0.0500
	铜芯绝缘导线　截面　6mm²	m	3.0000	3.0000	3.0000	3.0000	3.0000	3.0000
	铜接线端子　6mm² 以下	个	4.0000	4.0000	4.0000	4.0000	4.0000	4.0000
	乙醇	kg	0.3000	0.3000	0.3000	0.3000	0.3000	0.3000
	其他材料费	元	0.3400	0.3200	0.3200	0.3200	0.3200	0.3400
机械	功能检测分析平台（电脑）	台班	5.0000	2.0000	2.0000	3.0000	2.0000	2.0000
	数字万用表（数字式）	台班	0.5000	0.5000	0.5000	0.5000	0.5000	0.5000

8.6 IMS 设备系统调试

工作内容： 软件安装、配置核心交换机、楼层交换机、网关及板卡等信息，中继测试，功能实现，测试，记录。

定　额　编　号		JYZ8-23	JYZ8-24	JYZ8-25	JYZ8-26	JYZ8-27
项　　　　　目		基础业务应用平台调试	增值业务应用平台调试			
			短信平台	Web 视频会议平台	彩铃系统	计费系统
单　　　位		系统	系统	系统	系统	系统
基　　价（元）		**5693.40**	**2542.51**	**2847.27**	**2694.89**	**2086.83**
其中	人　工　费（元）	2405.97	898.23	1202.99	1050.61	1050.61
	材　料　费（元）	1.12	1.12	1.12	1.12	1.12
	机　械　费（元）	3286.31	1643.16	1643.16	1643.16	1035.10
名　　称	单位	数　　　量				
人工 安装技术工	工日	21.1050	7.8792	10.5525	9.2159	9.2159
计价材料 乙醇	kg	0.3000	0.3000	0.3000	0.3000	0.3000
其他材料费	元	0.0200	0.0200	0.0200	0.0200	0.0200
机械 数据分析仪（数据测试仪）	台班	8.0000	4.0000	4.0000	4.0000	2.5000
信令测试分析仪	台班	8.0000	4.0000	4.0000	4.0000	2.5000
功能检测分析平台（电脑）	台班	8.0000	4.0000	4.0000	4.0000	2.0000
数字万用表（数字式）	台班	2.0000	1.0000	1.0000	1.0000	2.0000

第 **9** 章　监控设备、安全防护设备

说　　明

一、内容范围

本章包括采集设备安装调测、前端管理设备安装调测、视频监控管理设备安装调测、监控设备系统联调、显示设备安装调测、动力环境监控系统安装调测、电子围栏、门禁系统安装调测。

二、未包括的内容

1. 设备之间连接缆线敷设，使用时套用本定额第 7 章相关子目。

2. 设备之间连接光缆的敷设，使用时套用本定额第 17 章相关子目。

三、工程量计算规则

1. 摄像机、云台、照明灯、吹扫、冷却装置、漏水检测装置、监控管理服务器、多画面分割器/合成器、悬挂显示屏、桌面显示屏、动力环境监控设备、门禁控制器以"台"为计量单位。桌面显示屏，适用于安装在桌面的各类显示器、监视器。悬挂显示屏适用于独立悬挂的显示屏安装。

2. 前端视频管理机包括视频存储、管理、录像等功能，以"台"为计量单位。

3. 告警、传感器、警号装置、读卡器、键盘、电磁锁以"只"为计量单位。

4. 视频监控设备系统联调、动力监控远端接入联调、入侵报警系统中心调试以"系统"为计量单位。

5. 大屏拼接器、主控制设备以"套"为计量单位。

6. 大屏以"m^2"为计量单位。

7. 绝缘子以"串"为计量单位，一根支撑杆上的所有绝缘子为一串。

8. 红外探测器以"套"为计量单位，一收一发为一套。

9. 围栏线安装以"100m"为计量单位。

10. 门禁系统联调以"控制点"为计量单位，控制点是指读卡器、键盘、电磁锁等。

四、定额套用及调整

1. 摄像机、云台定额子目均综合考虑了型号、安装方式，使用时不得调整，摄像机与云台为一体机时，摄像机子目乘系数1.2。

2. 动力环境监控定额子目不包含采集设备的安装调测工作，使用时套用本章其他节相关子目。

3. 大屏幕子目包括大屏背装架的安装。

4. 大屏拼接器包括对相关大屏工作模块的调测及联调工作。

5. 在铁塔上安装摄像机，执行摄像机（室外）安装调测子目，定额人工乘系数1.5。

9.1 采集设备安装调测

工作内容： 设备组装、检查基础、安装设备、接线、标记、通电检查、调测、清理现场。

定 额 编 号		JYZ9-1	JYZ9-2	JYZ9-3	JYZ9-4	JYZ9-5	JYZ9-6	JYZ9-7	JYZ9-8
项 目		摄像机		云台	照明灯 含红外	烟雾、 门窗告 警装置	温度、 湿度传 感器	吹扫装 置、冷 却装置	漏水检 测装置
		室内	室外						
单 位		台	台	台	台	只	只	台	台
基 价（元）		**136.74**	**172.57**	**142.66**	**70.89**	**25.49**	**26.98**	**140.50**	**15.30**
其中	人 工 费（元）	75.73	100.20	129.36	62.33	13.41	13.41	117.98	13.41
	材 料 费（元）	13.95	13.95	3.83	3.83	12.08	11.34	7.11	
	机 械 费（元）	47.06	58.42	9.47	4.73		2.23	15.41	1.89
名 称	单位	数 量							
人工 普通工	工日	0.1160	0.1741	0.1160	0.1160				
安装技术工	工日	0.5880	0.7644	1.0584	0.4704	0.1176	0.1176	1.0349	0.1176
计价材料 电焊条 J507 综合	kg							0.5000	
镀锌六角螺栓 综合	kg	0.1000	0.1000	0.2830	0.2830	0.1000			
精制六角带帽螺栓 M12×100 以下	套							4.0000	
管卡带膨胀螺栓	套					4.0000	4.0000		
标签色带 （12~36）mm×8m	卷	0.7000	0.7000	0.1000	0.1000	0.1000	0.1000		
乙醇	kg	0.1000	0.1000						

续表

定　额　编　号			JYZ9-1	JYZ9-2	JYZ9-3	JYZ9-4	JYZ9-5	JYZ9-6	JYZ9-7	JYZ9-8
项　　　目			摄像机		云台	照明灯	烟雾、门窗告警装置	温度、湿度传感器	吹扫装置、冷却装置	漏水检测装置
			室内	室外		含红外				
计价材料	乙炔气	m³							0.0420	
	棉纱头	kg					0.0100	0.0100		
	脱脂棉	卷	0.1000	0.1000						
	其他材料费	元	0.2700	0.2700	0.0800	0.0800	0.2400	0.2200	0.1400	
机械	交流弧焊机　容量　21kVA	台班							0.1800	
	专用显示器	台班	0.5500	0.5500						
	高精度温湿表	台班						0.0100		
	数字万用表（数字式）	台班	0.4320	1.0800	0.5400	0.2700		0.1080	0.2160	0.1080

108

9.2 前端管理设备安装调测

工作内容：设备初检、检查基础、安装设备、接线调整、通电检查、单机性能测试、试运行。

定 额 编 号		JYZ9-9	JYZ9-10	JYZ9-11
项 目		前端视频管理机		
		4 路以下	16 路以下	16 路以上
单 位		台	台	台
基 价（元）		**270.49**	**508.46**	**714.99**
其中	人 工 费（元）	176.70	312.36	412.68
	材 料 费（元）	26.64	26.64	26.64
	机 械 费（元）	67.15	169.46	275.67
名 称	单位	数 量		
人工 安装技术工	工日	1.5500	2.7400	3.6200
计价材料 镀锌六角螺栓 综合	kg	0.2830	0.2830	0.2830
铜芯绝缘导线 截面 6mm²	m	4.0000	4.0000	4.0000
铜接线端子 6mm² 以下	个	4.0000	4.0000	4.0000
标签色带 （12~36）mm×8m	卷	0.3000	0.3000	0.3000
乙醇	kg	0.1000	0.1000	0.1000
脱脂棉	卷	0.1000	0.1000	0.1000
其他材料费	元	0.5200	0.5200	0.5200
机械 载重汽车 5t	台班	0.0540	0.1080	0.1620
电视测试信号发生器	台班	1.3200	3.6300	6.0500

9.3 视频监控主机安装调测

工作内容：设备组装、接地、通电、调测、试运行。

定 额 编 号			JYZ9-12	JYZ9-13	JYZ9-14	JYZ9-15	JYZ9-16
项 目			监控管理服务器			多画面分割器/合成器 （不含显示器）	
			64 路以下	128 路以下	128 路以上	9 画面以下	9 画面以上
单 位			台	台	台	台	台
基 价（元）			**662.64**	**841.81**	**1221.48**	**89.66**	**135.59**
其中	人 工 费（元）		335.16	435.71	603.29	53.63	87.14
	材 料 费（元）		11.81	11.81	11.81	12.43	13.04
	机 械 费（元）		315.67	394.29	606.38	23.60	35.41
名 称		单位	数 量				
人工	安装技术工	工日	2.9400	3.8220	5.2920	0.4704	0.7644
计价材料	镀锌六角螺栓 综合	kg	0.2830	0.2830	0.2830	0.2830	0.2830
	标签色带 （12~36)mm×8m	卷	0.5000	0.5000	0.5000	0.5000	0.5000
	乙醇	kg	0.1000	0.1000	0.1000	0.1000	0.1000
	脱脂棉	卷	0.1000	0.1000	0.1000	0.2000	0.3000
	其他材料费	元	0.2300	0.2300	0.2300	0.2400	0.2600
机械	载重汽车 5t	台班	0.1080	0.1080	0.1080		
	专用显示器	台班	2.2000	2.8600	4.4000	0.2200	0.3300
	电视测试信号发生器	台班	3.3000	4.1800	7.0400	0.2200	0.3300

9.4 显示设备安装调测

工作内容：设备初验、定位安装、通电检查、单机性能测试、系统调测、试运行。

定 额 编 号			JYZ9-17	JYZ9-18	JYZ9-19	JYZ9-20	JYZ9-21	JYZ9-22
项 目			悬挂显示屏	桌面显示屏		大屏		大屏拼接器
			液晶40英寸以上	22英寸以下	22英寸以上	液晶	DLP	
单 位			台	台	台	m^2	m^2	套
基 价（元）			**237.01**	**75.35**	**88.76**	**378.18**	**446.28**	**318.67**
其中	人 工 费（元）		198.45	67.03	80.44	238.50	306.60	222.30
	材 料 费（元）		0.99	8.32	8.32	0.99	0.99	26.83
	机 械 费（元）		37.57			138.69	138.69	69.54
名 称		单位	数 量					
人工	普通工	工日	1.0500			0.9000	1.2000	
	安装技术工	工日	1.0500	0.5880	0.7056	1.5000	1.9000	1.9500
计价材料	镀锌六角螺栓 综合	kg		0.2830	0.2830			
	铜芯绝缘导线 截面 6mm²	m						4.0000
	铜接线端子 6mm²以下	个						3.0000
	标签色带 （12~36）mm×8m	卷		0.3000	0.3000			0.5000
	乙醇	kg	0.1000	0.1000	0.1000	0.1000	0.1000	0.1000
	脱脂棉	卷	0.1000	0.1000	0.1000	0.1000	0.1000	0.1000

续表

定　额　编　号			JYZ9-17	JYZ9-18	JYZ9-19	JYZ9-20	JYZ9-21	JYZ9-22
项　　　目			悬挂显示屏	桌面显示屏		大屏		大屏拼接器
			液晶40英寸以上	22英寸以下	22英寸以上	液晶	DLP	
计价材料	其他材料费	元	0.0200	0.1600	0.1600	0.0200	0.0200	0.5300
机械	载重汽车 5t	台班	0.1000			0.1000	0.1000	0.1000
	图像质量分析仪	台班				0.1000	0.1000	
	电视测试信号发生器	台班				0.1000	0.1000	
	功能检测分析平台（电脑）	台班				0.5000	0.5000	1.0000

9.5 视频监控设备系统联调

工作内容：通道测试、设备联调、数据记录、填写调试报告。

定 额 编 号			JYZ9-23
项 目			视频监控设备系统联调
单 位			系统
基 价（元）			**3160.71**
其中	人 工 费（元）		1072.51
	材 料 费（元）		
	机 械 费（元）		2088.20
名 称		单位	数 量
人工	安装技术工	工日	9.4080
机械	变电站视频及环境监控测试分析系统	台班	1.2000
	图像质量分析仪	台班	1.0000
	专用显示器	台班	2.2000
	电视测试信号发生器	台班	1.1000
	数字万用表（数字式）	台班	5.4000

9.6 动力环境监控系统安装调测

工作内容：1. 设备组装、接地、通电、调测、试运行。2. 通道测试、设备联调、数据记录、填写调试报告

定 额 编 号			JYZ9-24	JYZ9-25	JYZ9-26
项 目			动力监控主机系统安装调测	动力监控本地联调	动力监控远端接入联调
单 位			台	站	系统
基 价（元）			**795.27**	**2072.14**	**897.70**
其中	人 工 费（元）		707.94	1077.30	670.32
	材 料 费（元）		23.40		
	机 械 费（元）		63.93	994.84	227.38
名 称		单位	数 量		
人工	安装技术工	工日	6.2100	9.4500	5.8800
计价材料	镀锌六角螺栓 综合	kg	0.2830		
	铜芯绝缘导线 截面 6mm²	m	2.0000		
	铜接线端子 6mm²以下	个	4.0000		
	标签色带 （12~36）mm×8m	卷	0.5000		
	乙醇	kg	0.1000		
	脱脂棉	卷	0.1000		
	其他材料费	元	0.4600		
机械	变电站视频及环境监控测试分析系统	台班		1.1000	0.2000
	功能检测分析平台（电脑）	台班	2.0000	3.0000	2.0000

9.7 电子围栏安装调测

工作内容： 1. 敷设电缆保护管和电源线，安装绝缘杆、绝缘子、围栏线、报警装置、警告牌、红外探测器、主机，接地极安装及测试等。2. 通电检查、整套系统联合调试。

定 额 编 号			JYZ9-27	JYZ9-28	JYZ9-29	JYZ9-30	JYZ9-31	JYZ9-32
项 目			主控制设备	终端（中间）绝缘杆	绝缘子	围栏线	警号装置	红外探测器
单 位			套	根	串	100m	只	套
基 价（元）			**542.81**	**63.89**	**12.30**	**74.36**	**40.35**	**70.42**
其中	人 工 费（元）		302.72	46.97	11.12	67.22	36.60	66.84
	材 料 费（元）		149.97	10.31	1.18	7.14	3.75	3.58
	机 械 费（元）		90.12	6.61				
名 称		单位	数 量					
人工	普通工	工日	0.5250	0.1155	0.0525	0.2100	0.1050	0.1890
	安装技术工	工日	2.3100	0.3360	0.0630	0.4515	0.2520	0.4620
计价材料	松香焊锡丝	kg					0.0300	0.0300
	焊锡膏	kg					0.0300	0.0300
	普通六角螺栓	kg	0.1300					
	精制六角带帽螺栓 M8×(14~75)	套	4.0000					
	膨胀螺栓 M8	套	4.0000	4.0000				
	镀锌铁丝	kg			0.2000			

定 额 编 号			JYZ9-27	JYZ9-28	JYZ9-29	JYZ9-30	JYZ9-31	JYZ9-32
项 目			主控制设备	终端（中间）绝缘杆	绝缘子	围栏线	警号装置	红外探测器
计价材料	软铜绞线 95mm²	m	2.7500					
	尼龙扎带 L=120mm	根	20.0000					
	自黏性橡胶带 25mm×20m	卷	1.0000			1.0000	0.3000	0.3000
	塑料软管 φ5	m	4.0000				0.3000	0.0500
	汽油	kg			0.0300			
	冲击钻头 φ8	支	1.0000	1.0000				
	砂布	张					0.1000	
	白布	m²	0.3600				0.0900	0.1000
	记号笔	支		1.0000				
	其他材料费	元	2.9400	0.2000	0.0200	0.1400	0.0700	0.0700
机械	载重汽车 5t	台班	0.2000					
	冲击钻	台班	0.2000	0.1000				
	数字万用表（数字式）	台班	0.1000					

定　额　编　号		JYZ9-33	
项　　　目		入侵报警系统调试	
单　　　位		系统	
基　价（元）		**1053.25**	
其中	人　工　费（元）	837.90	
	材　料　费（元）		
	机　械　费（元）	215.35	
	名　　称	单位	数　　量
人工	安装技术工	工日	7.3500
机械	专用显示器	台班	3.0000

9.8 门禁系统安装调测

工作内容：设备初验、安装设备、通电检查、单机性能测试、系统联调、数据记录、填写调试报告。

定 额 编 号		JYZ9-34	JYZ9-35	JYZ9-36	JYZ9-37	JYZ9-38	JYZ9-39	JYZ9-40
项 目		读卡器	键盘	电磁锁	门禁控制器			门禁系统联调
					4门以下	8门以下	16门以下	
单 位		只	只	只	台	台	台	控制点
基 价（元）		**72.51**	**50.64**	**143.04**	**213.91**	**263.63**	**313.34**	**58.32**
其中	人 工 费（元）	67.03	46.92	134.06	201.10	248.98	296.86	46.92
	材 料 费（元）	1.97	1.97	1.97	2.29	2.37	2.45	
	机 械 费（元）	3.51	1.75	7.01	10.52	12.28	14.03	11.40
名 称	单位	数 量						
人工 安装技术工	工日	0.5880	0.4116	1.1760	1.7640	2.1840	2.6040	0.4116
计价材料 膨胀螺栓 M6	套	4.0000	4.0000	4.0000	4.0000	4.0000	4.0000	
乙醇	kg				0.0200	0.0250	0.0300	
脱脂棉	卷				0.0400	0.0500	0.0600	
其他材料费	元	0.0400	0.0400	0.0400	0.0400	0.0500	0.0500	
机械 数字万用表（数字式）	台班	0.2000	0.1000	0.4000	0.6000	0.7000	0.8000	0.6500

第 10 章　会议电话、会议电视设备

说　　明

一、内容范围

本章包括会议电话设备安装调测、会议电话汇接机系统联调、会议电视设备安装调测、会议电视系统调试。

二、未包括的内容

1. 会议电话、电视设备未包括设备间电缆及导线布放，使用时套用本定额第 7 章相关子目。

2. 摄像机、显示屏安装，使用时套用本定额第 9 章相关子目。

三、工程量计算规则

1. 会议电话汇接机，以"架"为计量单位。

2. 会议电话终端机，以"套"为计量单位。

3. 会议电话扩音装置，以"部"为计量单位。

4. 会议电话汇接机系统联调，以"系统"为计量单位。

5. 会议电视终端机、多点控制器、矩阵、编解码器、网管，以"台"为计量单位。

6. 会议电视系统调试，以"台"为计量单位，按会议电视终端机数量计算。

7. 会议电视系统联网调试，以"系统"为计量单位。

四、定额套用及调整

1. 会议电话终端机子目包括终端联网试验。

2. 会议电视系统联网调试子目包括该系统的全部站点，适用于新建、改造系统的联网调试。20 个站以下使用一级级联子目，20 个站以上使用二级级联子目。

10.1 会议电话设备安装调测

工作内容：设备组装、接地、通电检查、单机性能测试、通路试验、终端机与汇接机对测、开通试验调测。

定 额 编 号			JYZ10-1	JYZ10-2	JYZ10-3	JYZ10-4
项 目			会议电话汇接机		会议电话终端机	会议电话扩音装置
			48 路以下	48 路以上		
单 位			架	架	套	部
基 价 （元）			**351.82**	**399.70**	**33.69**	**103.71**
其中	人 工 费 （元）		271.85	319.73	33.52	90.06
	材 料 费 （元）		42.40	42.40	0.17	13.65
	机 械 费 （元）		37.57	37.57		
名 称		单位	数 量			
人工	普通工	工日	0.2730	0.2730		
	安装技术工	工日	2.2050	2.6250	0.2940	0.7900
计价材料	松香焊锡丝	kg	0.1000	0.1000		0.1000
	软铜绞线 35mm²	m	1.3000	1.3000		
	铜芯绝缘导线 截面 6mm²	m				1.2000
	铜接线端子 6mm² 以下	个				2.0000
	铜接线端子 100A	个	2.0000	2.0000		
	标签色带 （12~36）mm×8m	卷	0.0380	0.0380	0.0100	0.0380

续表

定 额 编 号			JYZ10-1	JYZ10-2	JYZ10-3	JYZ10-4
项 目			会议电话汇接机		会议电话终端机	会议电话扩音装置
			48 路以下	48 路以上		
计价材料	热塑管	m	0.2000	0.2000		0.1000
	白蜡	kg	0.1000	0.1000		0.1000
	乙醇	kg	0.5000	0.5000		0.5000
	砂布	张	1.0000	1.0000		1.0000
	其他材料费	元	0.8300	0.8300		0.2700
机械	载重汽车 5t	台班	0.1000	0.1000		

10.2 会议电话汇接机系统联调

工作内容：通道测试、设备联调、数据记录、调试报告填写。

定 额 编 号		JYZ10-5	JYZ10-6
项 目		会议电话汇接机系统联调	
		48 路以下	48 路以上
单 位		系统	系统
基 价（元）		**1455.54**	**2244.75**
其中	人 工 费（元）	622.44	993.51
	材 料 费（元）		
	机 械 费（元）	833.10	1251.24
名 称	单位	数 量	
人工 安装技术工	工日	5.4600	8.7150
机械 语音质量测试仪	台班	0.2000	0.3000
用户、中继模拟呼叫测试仪	台班	0.2000	0.3000
功能检测分析平台（电脑）	台班	0.5000	0.8000

10.3 会议电视设备安装调测

工作内容： 设备组装、接地、装配调测机盘及附件、通电检查、单机性能测试、终端联网试验。

定　额　编　号		JYZ10-7	JYZ10-8	JYZ10-9	JYZ10-10	JYZ10-11	JYZ10-12
项　　目		会议电视终端机	多点控制器（MCU）		矩阵	编解码器	网管
			24端口以下	24端口以上			
单　　位		台	台	台	台	台	台
基　　价（元）		**952.12**	**410.60**	**627.90**	**545.81**	**130.97**	**3056.23**
其中	人　工　费（元）	574.56	321.48	507.30	402.19	100.55	2882.38
	材　料　费（元）	9.72	11.32	22.68	4.85	4.85	4.85
	机　械　费（元）	367.84	77.80	97.92	138.77	25.57	169.00
名　　称	单位	数　　　　量					
人工 安装技术工	工日	5.0400	2.8200	4.4500	3.5280	0.8820	25.2840
计价材料 铜芯绝缘导线　截面　6mm²	m		1.2000	2.5000			
铜接线端子　6mm²以下	个		2.0000	4.0000			
标签色带　（12～36）mm×8m	卷	0.5000	0.2500	0.5000	0.2500	0.2500	0.2500
乙醇	kg	0.1000	0.0500	0.1000	0.0500	0.0500	0.0500
棉纱头	kg		0.0500	0.0500	0.0500	0.0500	0.0500
脱脂棉	卷	0.1000					
其他材料费	元	0.1900	0.2200	0.4400	0.1000	0.1000	0.1000
机械 载重汽车　5t	台班	0.1000	0.1000	0.1000	0.1000		

续表

定　额　编　号			JYZ10-7	JYZ10-8	JYZ10-9	JYZ10-10	JYZ10-11	JYZ10-12
项　　　目			会议电视终端机	多点控制器（MCU）		矩阵	编解码器	网管
				24端口以下	24端口以上			
机械	图像质量分析仪	台班	0.1500					
	网络测试仪	台班	0.5500	0.4000	0.6000			0.2500
	数据分析仪（数据测试仪）	台班	0.9000					
	电视测试信号发生器	台班				2.4000		
	功能检测分析平台（电脑）	台班	2.0000			0.5000	0.8000	4.5000

10.4 会议电视系统调试

工作内容： 本机及联网后软件与硬件调试及功能检查、业务功能检测、指标检查、稳定性测试、数据记录、填写调试报告。

定 额 编 号		JYZ10-13	JYZ10-14	JYZ10-15
项 目		会议电视系统调试	会议电视系统联网调试	
			一级级联	二级级联
单 位		台	系统	系统
基 价（元）		**945.42**	**2813.18**	**4196.79**
其中	人 工 费（元）	538.65	1041.39	1580.04
	材 料 费（元）	0.30	0.30	0.30
	机 械 费（元）	406.47	1771.49	2616.45
名 称	单位	数 量		
人工　安装技术工	工日	4.7250	9.1350	13.8600
计价材料　棉纱头	kg	0.0500	0.0500	0.0500
其他材料费	元	0.0100	0.0100	0.0100
机械　图像质量分析仪	台班	0.2000	1.1000	1.6000
网络测试仪	台班	1.0000	6.0000	9.0000
数据分析仪（数据测试仪）	台班	0.8000	0.8000	1.2000
功能检测分析平台（电脑）	台班	2.0000	6.0000	9.0000

第 **11** 章　数据网设备

说　明

一、内容范围

本章包括路由器安装调测、交换机安装调测、服务器安装调测、宽带接入设备安装调测、网络安全设备安装调测、数据存储设备安装调测、网络系统调试。

二、未包括的内容

设备之间连接缆线敷设，使用时套用本定额第7章相关子目。

三、工程量计算规则

1. 路由器、交换机、服务器、工作站、KVM、接入复用设备（DSLAM）、宽带接入服务器（BAS）、无线局域网接入点（AP）设备、网络安全设备、数据存储设备以"台"为计量单位。

2. 路由器接口板、局域网交换机接口板、接入复用设备（DSLAM）板卡、宽带接入服务器（BAS）接口板以"块"为计量单位。

3. 网络系统调试，以"系统"为计量单位。

四、定额套用及调整

1. 磁盘阵列12块以上套用每增5块子目，不足5块按5块计列。

2. 其他网络安全设备，适用于入侵检测（IDS/IPS）、抗DDOS攻击设备、上网行为管理与流控设备、安全接入平台设备等。

五、其他说明

1. 路由器按所处网络位置可分为三类：①接入层路由器：位于网络的边缘，负责将流量馈入网络，执行网络访问控制，并且提供其他边缘服务；②汇聚层路由器：位于网络的中间，负责聚合网络路由，并且收敛数据流量；③核心层路由器：位于网络的核心，具有完整的路由信息，负责高速地运送数据流量。

2. 网络交换机可分为两类：①盒式交换机：无插槽交换机，这种交换机没有槽位，或只支持特定类型的小模块插入；②框式交换机：插槽式交换机，这种交换机扩展性较好，一般有多个槽位，每个槽位支持多种板卡。

3. 服务器可分为三类：①低端服务器，采用 Windows 操作系统的服务器；②中端服务器，采用 Linux 操作系统的服务器；③高端服务器，采用 Unix 操作系统的服务器。

11.1 路由器安装调测

工作内容： 定位安装机柜、机箱，接地，装配接口板，接口检查，接口正确性测试，硬件加电自检等。

定 额 编 号		JYZ11-1	JYZ11-2	JYZ11-3	JYZ11-4
项 目		路由器			路由器接口板
		接入层	汇聚层	核心层	
单 位		台	台	台	块
基 价（元）		**1848.31**	**3326.61**	**4693.74**	**54.43**
其中	人 工 费（元）	1100.10	2212.74	2981.10	33.52
	材 料 费（元）	31.41	31.41	31.41	9.72
	机 械 费（元）	716.80	1082.46	1681.23	11.19
名 称	单位	数 量			
人工 安装技术工	工日	9.6500	19.4100	26.1500	0.2940
计价材料 铜芯绝缘导线 截面 6mm²	m	5.0000	5.0000	5.0000	
铜接线端子 6mm² 以下	个	4.0000	4.0000	4.0000	
标签色带 （12~36)mm×8m	卷	0.5000	0.5000	0.5000	0.5000
乙醇	kg	0.1000	0.1000	0.1000	0.1000
脱脂棉	卷	0.1000	0.1000	0.1000	0.1000
其他材料费	元	0.6200	0.6200	0.6200	0.1900

续表

定　额　编　号			JYZ11-1	JYZ11-2	JYZ11-3	JYZ11-4
项　　　目			路由器			路由器接口板
			接入层	汇聚层	核心层	
机械	载重汽车　5t	台班	0.1000	0.1000	0.1000	
	网络测试仪	台班	5.8000	8.8000	13.8000	
	功能检测分析平台（电脑）	台班	3.0000	5.0000	8.0000	0.3500

11.2 交换机安装调测

工作内容： 定位安装机柜、机箱，接地，装配接口板，接口检查，接口正确性测试，硬件加电自检等。

定 额 编 号		JYZ11-5	JYZ11-6	JYZ11-7	JYZ11-8
项 目		网络交换机			光纤交换机
		盒式	框式	接口板	
单 位		台	台	块	台
基 价（元）		**598.52**	**1074.97**	**47.10**	**449.78**
其中	人 工 费（元）	381.90	721.62	33.52	383.04
	材 料 费（元）	25.06	35.18	3.99	22.38
	机 械 费（元）	191.56	318.17	9.59	44.36
名 称	单位	数 量			
人工 安装技术工	工日	3.3500	6.3300	0.2940	3.3600
计价材料 镀锌六角螺栓 综合	kg	0.2800	0.2830		0.2800
铜芯绝缘导线 截面 6mm²	m	2.5000	5.5000		2.0000
铜接线端子 6mm² 以下	个	4.0000	4.0000		4.0000
标签色带 （12~36）mm×8m	卷	0.5000	0.5000	0.2000	0.5000
乙醇	kg	0.1000	0.1000	0.0500	
脱脂棉	卷	0.1000	0.1000	0.0500	
其他材料费	元	0.4900	0.6900	0.0800	0.4400

续表

定　额　编　号			JYZ11-5	JYZ11-6	JYZ11-7	JYZ11-8
项　　　目			网络交换机			光纤交换机
			盒式	框式	接口板	
机械	载重汽车　5t	台班	0.0500	0.0500		0.0500
	网络测试仪	台班	1.4000	2.5000		
	功能检测分析平台（电脑）	台班	1.0000	1.5000	0.3000	0.8000

11.3 服务器安装调测

工作内容： 1. 安装：定位安装机柜、机箱，接地，通电检查，装配接口板等。2. 硬件系统调试、综合调测。

定 额 编 号		JYZ11-9	JYZ11-10	JYZ11-11	JYZ11-12	JYZ11-13	JYZ11-14
项 目		服务器			工作站	KVM	
		低端	中端	高端		16端口以下	16端口以上
单 位		台	台	台	台	台	台
基 价（元）		**741.18**	**1443.41**	**2045.74**	**423.03**	**289.16**	**428.97**
其中	人 工 费（元）	429.00	849.30	1186.74	359.10	239.40	359.10
	材 料 费（元）	9.72	26.76	26.76		9.53	9.53
	机 械 费（元）	302.46	567.35	832.24	63.93	40.23	60.34
名 称	单位	数 量					
人工 安装技术工	工日	3.7632	7.4500	10.4100	3.1500	2.1000	3.1500
计价材料 镀锌六角螺栓 综合	kg		0.2830	0.2830			
铜芯绝缘导线 截面 6mm²	m		3.0000	3.0000		2.0000	2.0000
铜接线端子 6mm² 以下	个		4.0000	4.0000		2.0000	2.0000
标签色带 （12~36）mm×8m	卷	0.5000	0.5000	0.5000			
乙醇	kg	0.1000	0.1000	0.1000		0.1000	0.1000
脱脂棉	卷	0.1000	0.1000	0.1000			
其他材料费	元	0.1900	0.5200	0.5200		0.1900	0.1900

续表

定 额 编 号			JYZ11-9	JYZ11-10	JYZ11-11	JYZ11-12	JYZ11-13	JYZ11-14
项 目			服务器			工作站	KVM	
			低端	中端	高端		16端口以下	16端口以上
机械	载重汽车 5t	台班	0.1000	0.1000	0.1000			
	服务器管理测试系统	台班	0.2000	0.4000	0.6000			
	网络测试仪	台班					0.4000	0.6000
	功能检测分析平台（电脑）	台班	2.0000	4.0000	6.0000	2.0000		

11.4 网络安全设备安装调测

工作内容: 1. 安装:定位安装、接地、互连、加电检查、清理现场等。2. 硬件系统调试、联试安全保护。

定 额 编 号			JYZ11-15	JYZ11-16	JYZ11-17	JYZ11-18
项 目			防火墙设备	隔离装置	公共安全接入设备	其他网络安全设备
单 位			台	台	台	台
基 价 (元)			**1280.11**	**806.79**	**1048.60**	**420.68**
其中	人 工 费 (元)		653.22	383.04	574.56	100.55
	材 料 费 (元)		24.68	9.16	9.16	9.72
	机 械 费 (元)		602.21	414.59	464.88	310.41
名 称		单位	数 量			
人工	安装技术工	工日	5.7300	3.3600	5.0400	0.8820
计价材料	铜芯绝缘导线 截面 6mm^2	m	3.0000	2.0000	2.0000	
	铜接线端子 6mm^2 以下	个	4.0000	2.0000	2.0000	
	标签色带 (12~36)mm×8m	卷	0.5000			0.5000
	乙醇	kg	0.1000			0.1000
	脱脂棉	卷	0.1000			0.1000
	其他材料费	元	0.4800	0.1800	0.1800	0.1900
机械	载重汽车 5t	台班	0.1000			
	网络设备安全防护测试仪	台班	0.5000	0.5000	0.5000	0.2700

续表

定　额　编　号			JYZ11-15	JYZ11-16	JYZ11-17	JYZ11-18
项　　　目			防火墙设备	隔离装置	公共安全接入设备	其他网络安全设备
机械	网络攻击测试套件　Threatex　2700	台班	0.6000			0.3000
	网络测试仪	台班			0.5000	
	功能检测分析平台（电脑）	台班	1.2000	1.0000	1.0000	1.0000

11.5 宽带接入设备安装调测

工作内容：1. 安装：定位安装、接地、通电检查、互连、接口检查等。2. 单机测试、设备性能测试、系统性能测试等。

定 额 编 号			JYZ11-19	JYZ11-20	JYZ11-21	JYZ11-22	JYZ11-23
项 目			接入复用设备（DSLAM）	接入复用设备（DSLAM）	宽带接入服务器接入服务器（BAS）	宽带接入服务器（BAS）	无线局域网接入点（AP）设备
				接口板		接口板	
单 位			台	块	台	块	台
基 价 （元）			**262.59**	**29.83**	**1308.35**	**33.18**	**113.34**
其中	人 工 费（元）		188.20	20.11	1083.10	23.46	63.05
	材 料 费（元）		26.76	9.72	26.76	9.72	
	机 械 费（元）		47.63		198.49		50.29
名 称		单位	数 量				
人工	普通工	工日	0.2901		0.2901		
	安装技术工	工日	1.4600	0.1764	9.3100	0.2058	0.5531
计价材料	镀锌六角螺栓 综合	kg	0.2830		0.2830		
	铜芯绝缘导线 截面 6mm²	m	3.0000		3.0000		
	铜接线端子 6mm² 以下	个	4.0000		4.0000		
	标签色带 （12～36）mm×8m	卷	0.5000	0.5000	0.5000	0.5000	
	乙醇	kg	0.1000	0.1000	0.1000	0.1000	

续表

定 额 编 号			JYZ11-19	JYZ11-20	JYZ11-21	JYZ11-22	JYZ11-23
项 目			接入复用设备（DSLAM）	接入复用设备（DSLAM）接口板	宽带接入服务器（BAS）	宽带接入服务器（BAS）接口板	无线局域网接入点（AP）设备
计价材料	脱脂棉	卷	0.1000	0.1000	0.1000	0.1000	
	其他材料费	元	0.5200	0.1900	0.5200	0.1900	
机械	载重汽车 5t	台班	0.1000		0.1000		
	网络测试仪	台班	0.1000		1.6000		0.5000

11.6 数据存储设备安装调测

工作内容：定位安装、接地、互连、接口检查、加电自检、联机调试。

定 额 编 号		JYZ11-24	JYZ11-25	JYZ11-26
项 目		硬盘驱动器	磁盘阵列	
			12块以下	每增5块
单 位		台	台	台
基 价（元）		**141.00**	**415.12**	**168.71**
其中	人 工 费（元）	115.14	134.06	40.22
	材 料 费（元）	22.66	9.72	4.48
	机 械 费（元）	3.20	271.34	124.01
名 称	单位	数 量		
人工 安装技术工	工日	1.0100	1.1760	0.3528
计价材料 铜芯绝缘导线 截面 6mm²	m	2.4000		
铜接线端子 6mm² 以下	个	4.0000		
标签色带 （12~36）mm×8m	卷	0.5000	0.5000	0.2000
乙醇	kg	0.1000	0.1000	0.1000
脱脂棉	卷	0.1000	0.1000	0.1000
其他材料费	元	0.4400	0.1900	0.0900
机械 磁盘管理测试系统	台班		1.0000	0.5800
功能检测分析平台 （电脑）	台班	0.1000	1.8000	

定 额 编 号		JYZ11-27	JYZ11-28
项 目		光盘机	光盘库
单 位		台	台
基 价（元）		**56.80**	**360.86**
其中	人 工 费（元）	33.52	335.16
	材 料 费（元）	13.69	9.72
	机 械 费（元）	9.59	15.98
名 称	单位	数 量	
人工	安装技术工	工日	0.2940	2.9400
计价材料	标签色带 （12~36)mm×8m	卷	0.5000	0.5000
	乙醇	kg	0.5000	0.1000
	脱脂棉	卷	0.5000	0.1000
	其他材料费	元	0.2700	0.1900
机械	功能检测分析平台（电脑）	台班	0.3000	0.5000

11.7 网络系统调试

工作内容：1. 局域网系统调试：局域网内对有关的网络设备及安全设备配置、变更及联调。2. 接入广域网系统调试：对新增业务、新增广域网单位接入广域网的相关网络设备及安全设备配置、变更及联调。3. 接入互联网系统调试：通过 Internet 访问内部业务的系统调试。4. 网络安全系统调试：基于 IP 和 TCP/UDP 协议端口的访问控制，基于内容和应用类别的访问控制，含网络层策略调试。

定 额 编 号		JYZ11-29	JYZ11-30	JYZ11-31	JYZ11-32	JYZ11-33	JYZ11-34
项 目		局域网系统调试（用户以下）			接入广域网系统调试	接入互联网系统调试	网络安全系统调试
		50	200	500			
单 位		系统	系统	系统	系统	系统	系统
基 价 （元）		**1219.73**	**3514.08**	**6512.23**	**2981.43**	**2033.17**	**5166.34**
其中	人 工 费 （元）	650.21	1340.64	2996.33	1340.64	1005.48	1795.50
	材 料 费 （元）						
	机 械 费 （元）	569.52	2173.44	3515.90	1640.79	1027.69	3370.84
名 称	单位	数 量					
人工 安装技术工	工日	5.7036	11.7600	26.2836	11.7600	8.8200	15.7500
机械 网络设备安全防护测试仪	台班				0.5000	0.5000	3.0000
网络通断测试仪	台班	5.0000	22.0000	33.0000	12.0000	6.0000	10.0000
功能检测分析平台（电脑）	台班	6.0000	16.0000	32.0000	11.0000	6.0000	10.0000

第 **12** 章　卫星通信设备

说　　明

一、内容范围

本章包括中心站、端站设备安装调测；中心站站内环测及全网系统对测。

二、未包括的内容

设备之间连接缆线敷设，使用时套用本定额第 7 章相关子目。

三、工程量计算规则

1. 室外单元、室内单元、监控设备以"台"为计量单位。

2. 端站设备、中心站站内环测、全网系统对测（每增加 1 个端站）以"站"为计量单位。

四、定额套用及调整

室外单元安装已包括天线部分。

12.1 中心站、端站设备安装调测

工作内容： 划线定位、安装固定、接地、通电检查、单机及单元调试。

定 额 编 号		JYZ12-1	JYZ12-2	JYZ12-3	JYZ12-4
项 目		室外单元	室内单元	监控设备	端站设备
					固定站、移动站
单 位		台	台	台	站
基 价（元）		**6051.87**	**6310.19**	**2425.34**	**5112.57**
其中	人 工 费（元）	3639.72	3435.08	1092.50	1155.99
	材 料 费（元）	9.72	90.37	16.58	90.56
	机 械 费（元）	2402.43	2784.74	1316.26	3866.02
名 称	单位	数 量			
人工 普通工	工日	1.1603	2.9006	1.1603	2.9006
安装技术工	工日	31.1640	28.2240	8.8200	8.2320
计价材料 镀锌六角螺栓 综合	kg		0.2830		0.2830
软铜绞线 35mm^2	m		3.0000		3.0000
铜接线端子 100A	个		4.0000	4.0000	4.0000
标签色带 （12~36)mm×8m	卷	0.5000	0.5000	0.5000	0.5000
乙醇	kg	0.1000	0.1000	0.1000	0.1500
脱脂棉	卷	0.1000	0.1000	0.1000	0.1000
其他材料费	元	0.1900	1.7700	0.3300	1.7800

续表

定 额 编 号			JYZ12-1	JYZ12-2	JYZ12-3	JYZ12-4
项 目			室外单元	室内单元	监控设备	端站设备
						固定站、移动站
机械	载重汽车 5t	台班	0.5000	0.5000	0.5000	0.5000
	数字存储示波器	台班	3.3000	3.9000	1.7000	5.9000
	中功率计	台班	2.8000	3.0000	1.3000	4.0000
	数据分析仪（数据测试仪）	台班		3.0000	1.3000	4.0000
	扫频信号发生器	台班	2.8000			
	频谱分析仪 频率 9kHz~26.5GHz	台班	2.8000	3.0000	1.3000	4.0000
	功能检测分析平台（电脑）	台班	2.8000	3.0000	1.3000	4.0000

12.2　中心站站内环测及全网系统对测

工作内容：站内中频和射频环测、中心站与各端站对测、用户试通、数据记录、填写调试报告。

定 额 编 号			JYZ12-5	JYZ12-6
项　　　　　目			中心站站内环测	全网系统对测
单　　　　　位			站	站
基　　价（元）			**2952.91**	**604.34**
其中	人　工　费（元）		650.21	134.06
	材　料　费（元）			
	机　械　费（元）		2302.70	470.28
名　　　称		单位	数　　　量	
人工	安装技术工	工日	5.7036	1.1760
机械	数字存储示波器	台班	3.7000	0.8500
	中功率计	台班	2.5000	0.6000
	数据分析仪（数据测试仪）	台班	2.5000	0.4000
	频谱分析仪　频率　9kHz~26.5GHz	台班	2.5000	0.4000
	功能检测分析平台（电脑）	台班	2.5000	0.6000

第 13 章 无线设备

说　　明

一、内容范围

本章包括通信抱杆安装，天、馈线安装调测，无线专网设备安装调测，无线专网设备联网调测。

二、未包括的内容

1. 设备之间电缆敷设执行本册第 7 章相关子目。

2. 钢管杆、铁塔工程及其相关的工地运输、土石方工程、基础工程执行架空线路工程分册相关子目。

三、工程量计算规则

1. 楼面抱杆安装以"基"为计量单位，适用于在楼面安装杆顶距底座 8m 以下独立或具有支撑的单杆。

2. 支撑杆安装以"基"为计量单位，适用于安装杆顶距底座 8～25m 以下具有支撑或拉线的单杆。

3. 铁塔抱杆安装以"副"为计量单位，铁塔抱杆安装适用于在自立铁塔、钢管杆、支撑杆上安装抱杆，抱杆安装高度均指抱杆底部距塔或杆底座的高度。

4. 楼面抱杆上天线安装以"副"为计量单位，适用于在楼面抱杆上直接安装天线。

5. 支撑杆上天线安装以"副"为计量单位，适用于支撑杆上的天线安装。

6. 铁塔上天线安装以"副"为计量单位，适用于在自立铁塔、钢管杆上安装天线。天线安装高度均指天线底部距塔或杆底座的高度。

7. 天线以"副"为计量单位，指一根或一个物理实体，适用于定向天线和全向天线的安装。

8. 馈线安装调测 10m 以下以"条"为计量单位，每增加 1m 以"m"为计量单位。

9. 射频拉远设备（RRU）以"套"为计量单位，铁塔上安装适用于在自立铁塔、钢管杆上安装射频拉远设备。

10. 一体化基站设备以"套"为计量单位，指包括 RRU 和 BBU 的小型一体化基站设备。

11. 基站主设备（BBU）、核心网设备以"套"为计量单位，未包括机柜（架）的安装。

12. 无线终端以"套"为计量单位，包括无线终端的天、馈线安装调测。

13. 中继放大器以"台"为计量单位。

14. 基站系统调测以"站"为计量单位，核心系统调测以"套"为计量单位。

15. 联网调测以"扇区"为计量单位，1 副天线计为 1 个扇区。

四、定额套用及调整

1. 支撑杆安装适用于在楼面安装，包括底座和支架，户外钢管杆执行架空线路工程分册相关子目。

2. 馈线安装调测已包括天、馈线系统的调测；安装调测 1/2 英寸以上射频同轴电缆定额不作调整；安装调测 1/2 英寸及以下射频同轴电缆，定额人工乘以系数 0.4。

3. 核心网设备不分模块式还是组合式，不分频率和带宽大小，都以"套"为计量单位；未包括机柜、防火墙、交换机，使用时执行本册相关子目。

4. 无线终端安装调测包括无线终端与基站的联调。

5. 核心系统调测包括 EPC、交换机、防火墙、网管系统等联调。

6. 射频拉远单元用光缆执行本册第 17 章相关定额子目，敷设光缆执行人工敷设光缆，定额人工乘以系数 1.3；光缆接续、测试执行用户光缆接续、用户光缆测试定额。

7. 安装无线专网设备的网管系统套用本册第 1 章相关子目。

13.1 通信抱杆安装

工作内容： 1. 楼面抱杆、支撑杆安装：现场测量，搬运，安装及调整，避雷针安装，接地及测试，清理现场，工器具转移等。 2. 铁塔抱杆安装：现场测量，搬运，安装及调整，清理现场，工器具转移等。

定 额 编 号		单 位	JYZ13-1	JYZ13-2	JYZ13-3	JYZ13-4	JYZ13-5	JYZ13-6
项　　　目			楼面抱杆安装		支撑杆安装		铁塔抱杆安装	
			单杆高度				安装抱杆高度	
			6m 以下	8m 以下	15m 以下	25m 以下	40m 以下	每增加 1m
单　　　位			基	基	基	基	副	副
基　　　价（元）			**874.17**	**1102.33**	**1446.29**	**2138.64**	**630.69**	**9.39**
其中	人　工　费（元）		798.00	1026.00	1311.00	1995.00	627.00	5.70
	材　料　费（元）		4.25	4.41	19.37	27.72	3.69	3.69
	机　械　费（元）		71.92	71.92	115.92	115.92		
名　　称		单位	数　　量					
人工	安装技术工	工日	7.0000	9.0000	11.5000	17.5000	5.5000	0.0500
计价材料	电焊条　J507　综合	kg			0.5000	0.5000		
	碳钢气焊丝　综合	kg	0.0065	0.0085	0.0100	0.0300		
	镀锌六角螺栓　综合	kg	0.5000	0.5000	2.0000	3.0000	0.5000	0.5000
	氧气	m³	0.0600	0.0800	0.1500	0.2500		
	乙炔气	m³	0.0200	0.0240	0.0450	0.0750		

定 额 编 号			JYZ13-1	JYZ13-2	JYZ13-3	JYZ13-4	JYZ13-5	JYZ13-6
项 目			楼面抱杆安装		支撑杆安装		铁塔抱杆安装	
			单杆高度				安装抱杆高度	
			6m 以下	8m 以下	15m 以下	25m 以下	40m 以下	每增加 1m
计价材料	其他材料费	元	0.0800	0.0900	0.3800	0.5400	0.0700	0.0700
机械	汽油电焊机 电流 160A 以内	台班			0.2000	0.2000		
	绝缘电阻测试仪 2500~10000V 2mA 以上	台班	0.3000	0.3000	0.3000	0.3000		

13.2 天、馈线安装调测

工作内容：丈量匹配，吊装加固天线，调整方位角及俯仰角，馈线调整固定，馈线接地，馈线头制作，防雷接地处理，调测天、馈线系统的驻波比、损耗及智能天线权值，清理现场等。

定　额　编　号		JYZ13-7	JYZ13-8	JYZ13-9	JYZ13-10	JYZ13-11	JYZ13-12
项　　　目		天线				馈线	
		楼面抱杆上	支撑杆上	铁塔上		10m 以下	每增加 1m
				40m 以下	每增加 1m		
单　　　位		副	副	副	副	条	m
基　　价（元）		**511.25**	**888.59**	**731.27**	**16.49**	**290.15**	**9.90**
其中	人　工　费（元）	503.88	881.22	723.90	9.12	237.12	6.84
	材　料　费（元）	7.37	7.37	7.37	7.37	25.13	3.06
	机　械　费（元）					27.90	
名　　称	单位	数　　量					
人工　安装技术工	工日	4.4200	7.7300	6.3500	0.0800	2.0800	0.0600
计价材料　塑料管卡子　DN32	个					20.0000	2.0000
镀锌六角螺栓　综合	kg	1.0000	1.0000	1.0000	1.0000		
热缩管	m					0.6000	
自黏性橡胶带　25mm×20m	卷					1.0000	0.1000
乙醇	kg					0.0300	0.0300
脱脂棉	卷					0.1000	0.1000

154

续表

定 额 编 号		JYZ13-7	JYZ13-8	JYZ13-9	JYZ13-10	JYZ13-11	JYZ13-12
项 目		天线				馈线	
		楼面抱杆上	支撑杆上	铁塔上		10m 以下	每增加 1m
				40m 以下	每增加 1m		
计价材料	其他材料费	元	0.1400	0.1400	0.1400	0.1400	0.4900	0.0600
机械	天馈线测试仪	台班					0.1400	
	功能检测分析平台（电脑）	台班					0.1400	
	手扳葫芦	台班					0.1400	

155

13.3 无线专网设备安装调测

工作内容：1. 射频拉远设备：定位、安装固定设备、接地、通电检查、清理现场等。2. 一体化基站设备：定位、安装固定设备、接地、通电检查、频率调整、功率调整、清理现场等。3. 基站主设备：定位、安装加固机架、安装机盘、接地、通电检查、频率调整、功率调整、清理现场等。4. 核心网设备：定位安装、接地、通电检查、单机调试、清理现场等。5. 无线终端：安装固定、接地、通电检查、单机性能调测、切换测试、传输对接调试等。6. 中继放大器：定位安装、接地、通电检查、互连、接口检查等。

定　额　编　号		JYZ13-13	JYZ13-14	JYZ13-15	JYZ13-16
项　　　目		射频拉远设备（RRU）			
		楼面抱杆上	支撑杆上	铁塔上	
				40m 以下	每增加 1m
单　　　位		套	套	套	套
基　　　价（元）		**274.35**	**402.81**	**368.67**	**4.56**
其中	人　工　费（元）	242.82	348.84	328.32	4.56
	材　料　费（元）	31.53	53.97	40.35	
	机　械　费（元）				
名　　称	单位	数　　量			
人工 安装技术工	工日	2.1300	3.0600	2.8800	0.0400

续表

定 额 编 号			JYZ13-13	JYZ13-14	JYZ13-15	JYZ13-16
项 目			射频拉远设备（RRU）			
			楼面抱杆上	支撑杆上	铁塔上	
					40m 以下	每增加 1m
计价材料	镀锌六角螺栓 综合	kg	0.5000	0.7500	0.3000	
	铜芯聚氯乙烯绝缘电线 16mm^2	m	2.0000	4.0000	3.0000	
	铜接线端子 16mm^2	个	2.0000	2.0000	2.0000	
	乙醇	kg	0.1000	0.1000	0.1000	
	脱脂棉	卷	0.1000	0.1000	0.1000	
	其他材料费	元	0.6200	1.0600	0.7900	

定 额 编 号		JYZ13-17	JYZ13-18	JYZ13-19	JYZ13-20
项 目		一体化基站设备		基站主设备（BBU）	核心网设备
		10m 以下	每增加 1m		
单 位		套	套	套	套
基 价 （元）		**308. 85**	**30. 55**	**236. 46**	**1201. 91**
其中	人 工 费 （元）	263. 34	30. 55	190. 95	916. 56
	材 料 费 （元）	45. 51		45. 51	20. 27
	机 械 费 （元）				265. 08
名 称	单位	数 量			
人工 安装技术工	工日	2. 3100	0. 2680	1. 6750	8. 0400
计价材料 镀锌六角螺栓 综合	kg	1. 0000		1. 0000	1. 0000
铜芯绝缘导线 截面 6mm²	m				3. 0000
铜芯聚氯乙烯绝缘电线 16mm²	m	3. 0000		3. 0000	
铜接线端子 6mm² 以下	个				2. 0000
铜接线端子 16mm²	个	2. 0000		2. 0000	
乙醇	kg	0. 1000		0. 1000	0. 1000
脱脂棉	卷	0. 1000		0. 1000	
其他材料费	元	0. 8900		0. 8900	0. 4000
机械 网络测试仪	台班				2. 0000
功能检测分析平台（电脑）	台班				2. 0000

定　额　编　号			JYZ13-21	JYZ13-22
项　目			无线终端	中继放大器
单　位			套	台
基　价（元）			**149.52**	**302.61**
其中	人　工　费（元）		122.21	101.46
	材　料　费（元）		0.80	
	机　械　费（元）		26.51	201.15
名　称		单位	数　量	
人工	安装技术工	工日	1.0720	0.8900
计价材料	镀锌六角螺栓　综合	kg	0.0200	
	乙醇	kg	0.0100	
	脱脂棉	卷	0.1000	
	其他材料费	元	0.0200	
机械	网络测试仪	台班	0.2000	2.0000
	功能检测分析平台（电脑）	台班	0.2000	

13.4 无线专网设备联网调测

工作内容： 频率调整、功率调整、切换测试、传输对接调试、时钟校正、告警测试、网管数据配置等。

定 额 编 号		JYZ13-23	JYZ13-24	JYZ13-25
项 目		基站系统调测	联网调测	核心系统调测
单 位		站	扇区	套
基 价 （元）		**2862.64**	**937.13**	**5309.79**
其中	人 工 费 （元）	2062.26	763.80	4200.90
	材 料 费 （元）			
	机 械 费 （元）	800.38	173.33	1108.89
名 称	单位	数 量		
人工 安装技术工	工日	18.0900	6.7000	36.8500
机械 网络测试仪	台班			5.0000
误码测试仪（2M）	台班	2.7500		
数字频率计（微波）	台班	2.7500		
频谱分析仪 频率 9kHz~26.5GHz	台班			1.5000
功能检测分析平台（电脑）	台班	2.7500	0.5000	7.0000
射频功率计	台班	2.7500	0.5000	
移动路测系统	台班		0.5000	

第 14 章 公共设备

说　　明

一、内容范围

本章包括通用计算机、打印机、扫描仪、电话机、IP 话机（含可视）、特种电话机、传真机、信息模块、防雷模块、调音台、功放、音箱、投影屏幕、投影机。

二、未包括的内容

设备之间电缆（线）敷设。

三、工程量计算规则

1. 通用计算机、打印机、扫描仪、电话机、传真机、调音台、功放、音箱、投影机以"台"为计量单位。

2. 信息模块、防雷模块、投影屏幕以"块"为计量单位。

四、定额套用及调整

1. 特种电话机是指防尘、防水、防腐蚀、抗噪声的特殊电话机，子目不包括安装支架及基础的工作内容。

2. 通用计算机安装已包含常用软件的安装调测，不包括软件费用。

14.1 公共设备安装调试

工作内容：技术准备、定位安装、通电检查、单机性能测试、互联、检测调试

定 额 编 号			JYZ14-1	JYZ14-2	JYZ14-3	JYZ14-4	JYZ14-5	JYZ14-6
项 目			通用计算机	打印机	扫描仪	电话机	IP 话机 （含可视）	特种电话机
单 位			台	台	台	台	台	台
基 价（元）			**182.18**	**195.20**	**161.52**	**16.93**	**40.39**	**67.20**
其中	人 工 费（元）		134.06	140.77	127.36	16.76	40.22	67.03
	材 料 费（元）		0.17	6.48	2.19	0.17	0.17	0.17
	机 械 费（元）		47.95	47.95	31.97			
名 称		单位	数 量					
人工	安装技术工	工日	1.1760	1.2348	1.1172	0.1470	0.3528	0.5880
计价材料	标签色带 （12~36）mm×8m	卷	0.0100	0.0100	0.0100	0.0100	0.0100	0.0100
	复印纸（A4）	包		0.2500	0.1500			
	激光打印机墨粉 180g	瓶		0.2000				
	其他材料费	元		0.1300	0.0400			
机械	功能检测分析平台（电脑）	台班	1.5000	1.5000	1.0000			

定 额 编 号		JYZ14-7	JYZ14-8	JYZ14-9
项 目		传真机	信息模块	防雷模块
单 位		台	块	块
基 价（元）		**61.85**	**27.55**	**60.75**
其中	人 工 费（元）	60.33	26.81	53.63
	材 料 费（元）	1.52	0.74	0.35
	机 械 费（元）			6.77
名 称	单位	数 量		
人工	安装技术工	工日	0.5292	0.2352	0.4704
计价材料	镀锌六角螺栓 综合	kg		0.1000	
	标签色带 （12~36）mm×8m	卷	0.0100		0.0200
	复印纸（A4）	包	0.1000		
	其他材料费	元	0.0300	0.0100	0.0100
机械	二次防雷测试仪（机柜内小避雷器测试）	台班			0.1500

定 额 编 号			JYZ14-10	JYZ14-11	JYZ14-12	JYZ14-13	JYZ14-14
项 目			调音台	功放	音箱	投影屏幕	投影机
单 位			台	台	台	块	台
基 价 (元)			**544. 99**	**316. 49**	**182. 42**	**124. 58**	**56. 21**
其中	人 工 费 (元)		536. 26	311. 64	177. 57	120. 66	53. 63
	材 料 费 (元)		8. 73	4. 85	4. 85	3. 92	2. 58
	机 械 费 (元)						
名 称		单位			数 量		
人工	普通工	工日		0. 5801	0. 5801		
	安装技术工	工日	4. 7040	2. 3520	1. 1760	1. 0584	0. 4704
计价材料	镀锌六角螺栓 综合	kg					0. 2830
	铜接线端子 100A	个				2. 0000	
	标签色带 (12~36)mm×8m	卷	0. 5000	0. 2500	0. 2500		
	乙醇	kg		0. 0500	0. 0500	0. 0500	0. 0500
	棉纱头	kg		0. 0500	0. 0500	0. 0500	0. 0500
	其他材料费	元	0. 1700	0. 1000	0. 1000	0. 0800	0. 0500

第 15 章　通 信 业 务

说　　明

一、内容范围

本章包括二线业务、四线业务、64kbit/s 业务、2Mbit/s 业务、34Mbit/s 业务、155Mbit/s 业务、622Mbit/s 业务、2.5Gbit/s 业务、10Gbit/s 业务、40Gbit/s 业务、10/100Mbit/s 业务、GE 业务、万兆业务。

二、未包括的内容

业务接入的相关审批手续。

三、工程量计算规则

二线业务、四线业务、64kbit/s 业务、2Mbit/s 业务、34Mbit/s 业务、155Mbit/s 业务、622Mbit/s 业务、2.5Gbit/s 业务、10Gbit/s 业务、40Gbit/s 业务、10/100Mbit/s 业务、GE 业务、万兆业务以"条"为单位。

四、定额套用及调整

1. 业务接入是指主站与业务端具体业务的割接、接入开通，不分中间经过多少转接均按一条业务计列。

2. 本章定额子目应根据建设单位的有关工作职能划分规定选择使用。

3. 通信业务类型说明：

（1）二线业务主要是指二线话路，二线话路接口主要包括 FXO 接口和 FXS 接口。在进行二线业务配置时，根据实际情况选择接口类型（FXO 接口或 FXS 接口），配置输入电平、输出电平、线路阻抗和输入阻抗等接口参数。

（2）四线业务主要用于音频接口业务，可用于局间交换机或 PCM 终端设备之间的音频转接，也可作为透明的话路通道使用。在电力系统中，四线音频接口可以同时分别传送一路远动信号的上行数据和一路远动信号的下行数据。

（3）64kbit/s 业务主要用于 PCM 数据通道传输远动信号。

（4）2Mbit/s 业务指速率为 2Mbit/s 的业务，包括 E1（G.703）等接口提供的业务，具体为程控交换机 2Mbit/s 中继、调度数据网 2Mbit/s 专线链路、线路继电保护复用 2Mbit/s 通道、155Mbit/s cPOS（成帧模式）等各类专线的业务，每条 2Mbit/s 业务计为 1 条通信业务。

（5）34Mbit/s 业务一般用于微波业务。

（6）155Mbit/s 业务指速率为 155Mbit/s 的业务，包括 155Mbit/s POS 光接口、155Mbit/s cPOS（非成帧）或 155Mbit/s 电接口提供的业务，具体为数据网 155Mbit/s POS 链路等专线的业务，1 条 155Mbit/s 链路计为 1 条通信业务。

（7）622Mbit/s、10/100Mbit/s、GE、万兆业务通道一般用于数据网，622Mbit/s、2.5Gbit/s、10Gbit/s、40Gbit/s 业务通道一般用于光路，在 SDH 或 OTN 中每接入 1 条计为 1 条通信业务。

15.1 业务接入、割接、改接调试

工作内容：1. 业务开通前准备工作。2. 相关设备的线缆连接及网管配置和调试。3. 用户数据、功能的调试。4. 整理及填写调试报告。

定 额 编 号			JYZ15-1	JYZ15-2	JYZ15-3	JYZ15-4	JYZ15-5
项 目			二线业务通道	四线业务通道	64kbit/s 业务通道	2Mbit/s 业务通道	34Mbit/s 业务通道
单 位			条	条	条	条	条
基 价（元）			**292.29**	**317.54**	**430.95**	**378.86**	**412.37**
其中	人 工 费（元）		194.39	201.10	268.13	268.13	301.64
	材 料 费（元）		12.14	16.63	27.35	27.54	27.54
	机 械 费（元）		85.76	99.81	135.47	83.19	83.19
名 称		单位	数 量				
人工	安装技术工	工日	1.7052	1.7640	2.3520	2.3520	2.6460
计价材料	警示牌	个	4.0000	6.0000	10.0000	10.0000	10.0000
	标签色带 （12~36）mm×8m	卷	0.1000	0.1000	0.2000	0.2000	0.2000
	乙醇	kg	0.0500	0.0500	0.0500	0.1000	0.1000
	脱脂棉	卷	0.2000	0.2000	0.2000	0.2000	0.2000
	其他材料费	元	0.2400	0.3300	0.5400	0.5400	0.5400
机械	数据分析仪（数据测试仪）	台班	0.4000	0.4000	0.5000	0.6500	0.6500
	PCM通道测试仪	台班	0.3300	0.4300	0.5000		
	功能检测分析平台（电脑）	台班			0.5000	0.6000	0.6000

定 额 编 号			JYZ15-6	JYZ15-7	JYZ15-8	JYZ15-9	JYZ15-10	JYZ15-11	JYZ15-12	JYZ15-13
项 目			155Mbit/s 业务通道	622Mbit/s 业务通道	2.5Gbit/s 业务通道	10Gbit/s 业务通道	40Gbit/s 业务通道	10/100 Mbit/s 业务通道	GE 业务通道	万兆 业务通道
单 位			条	条	条	条	条	条	条	条
基 价 （元）			**438.57**	**462.51**	**500.16**	**527.76**	**564.95**	**341.55**	**385.19**	**428.83**
其中	人 工 费 （元）		335.16	359.10	383.04	406.98	430.92	167.58	191.52	215.46
	材 料 费 （元）		27.54	27.54	27.54	27.54	27.54	27.54	27.54	27.54
	机 械 费 （元）		75.87	75.87	89.58	93.24	106.49	146.43	166.13	185.83
名 称		单位	数 量							
人工	安装技术工	工日	2.9400	3.1500	3.3600	3.5700	3.7800	1.4700	1.6800	1.8900
计价材料	警示牌	个	10.0000	10.0000	10.0000	10.0000	10.0000	10.0000	10.0000	10.0000
	标签色带 （12~36）mm×8m	卷	0.2000	0.2000	0.2000	0.2000	0.2000	0.2000	0.2000	0.2000
	乙醇	kg	0.1000	0.1000	0.1000	0.1000	0.1000	0.1000	0.1000	0.1000
	脱脂棉	卷	0.2000	0.2000	0.2000	0.2000	0.2000	0.2000	0.2000	0.2000
	其他材料费	元	0.5400	0.5400	0.5400	0.5400	0.5400	0.5400	0.5400	0.5400
机械	光功率计	台班	1.2000	1.2000	1.4000	1.5000	1.6000			
	数据分析仪 （数据测试仪）	台班						1.0000	1.2000	1.4000
	功能检测分析平台 （电脑）	台班	1.0000	1.0000	1.2000	1.2000	1.5000	1.5000	1.5000	1.5000

第 16 章　用电计量、采集监控

说　明

一、内容范围

本章包括用户基表安装调测、抄表采集设备安装调测、用电监控设备安装调测、系统调试、辅助设备安装调测、用户计量表箱、供电服务系统。

二、未包括的内容

1. 中压载波设备主机、从机的安装调测，使用时套用本册第 5 章相关子目。

2. 音箱、功放、调音台的安装调试，使用时套用本册第 14 章相关子目。

3. IAD 接入设备、人工话务台的安装调测，使用时套用本册第 8 章相关子目。

4. LED 显示屏的安装调测，使用时套用本册第 9 章相关子目。

5. 会议电视终端机的安装调测，使用时套用本册第 10 章相关子目。

三、工程量计算规则

1. 电子表综合了机械电能表和普通电子表。智能电表综合了费控电能表和新一代智能电表，电子表、智能电表及关口表的安装调测，以"块"为计量单位。

2. 用户计量表箱综合了安装方式及材质，按计量表位数划分，以"台"为单位。

3. 售电管理装置综合了终端安装调测及主站与终端、终端与电能表、终端与联动开关的系统联调，以"台"为计量单位。

4. 负荷管理终端、配变监测计量终端、厂站电能量采集终端综合了终端安装调测及主站与终端、终端与电能表的系统联调，以"台"为计量单位。

5. 电表采集器、数据集中器、新型智能终端，以"台"为计量单位。

6. 10kV 计量组合式互感器以"台/三相"为计量单位。

7. 采集器与电能表调试，按采集器划分，以"系统"为计量单位，无论其下链接的电能表数量多少，均不作调整；数据集中器与电表采集器调试，按数据集中器划分，以"系统"为计量单位。

8. RS485 集线器综合了 16 路及 32 路，以"个"为计量单位。

9. 计量接线盒综合了试验接线盒及测控接线盒，以"个"为计量单位。

10. 信号放大器、浪涌保护器、空气开关，以"个"为计量单位。

11. 微型断路器（费控型）是能够支持通过主站或其他系统发出控制信号进行分、合闸操作的断路器，微型断路器（费控型）综合了单相及三相，以"个"为计量单位。

12. 功能模块综合了电能表功能模块和终端功能模块，以"个"为计量单位。

13. 低压分支线路采集设备是能够支持分支线路运行状态的监测以及线路故障状态的指示功能，测量电流、电压、电缆温度等信息的采集设备，以"台"为计量单位。

14. 通信协议转换器是能够支持总线物理层的通信协议转换、数据采集和处理的转换装置，以"台"为计量单位。

15. 辅助电流互感器是能够支持把二次电流转换成相应装置所需要的额定二次电流的电流互感器，以"台/单相"为计量单位。

16. 移动缴费终端、叫号机、自助服务终端的安装调测，以"台"为计量单位。

17. 主站与数据集中器联调、客服平台系统调试以"系统"为计量单位。

四、定额套用及调整

1. 数据集中器通信方案为双模（载波+无线）时，套用抄表采集设备安装调测子目数据集中器（载波）及数据集中器（无线），调整系数为 0.6。

2. 非金属用户计量表箱可根据计量表位数套用相应的用户计量表箱安装子目，调整系数为 0.85。

3. 新型智能终端为终端本体安装调测，可根据新业务功能扩展，包含集抄功能时，可根据采集方案，系统调试套用系统联调相应子目；包含多表集抄功能时，可根据采集方案，系统调试套用系统联调相应子目，调整系数为 1.5。

4. 主站与数据集中器联调，按主站数量计算，适用于新建主站。

5. 数据集中器与电表采集器的联调，按集中器数量计算，包含集中器与主站的调试工作，1 台集中器为 1 系统。

6. 电表采集器与电能表的联调，按采集器数量计算，1 台采集器为一个系统。

7. 项目改造户数以电能表为基数，改造户数超过 1.5 万户且电能表分布相对集中时，电能表、用户计量表箱、低压用户断路器及配套线管的安装调测乘系数 0.8。

16.1 用户基表安装调测

工作内容： 1. 施工前准备、清洁。2. 安装、固定、压接线。3. 本体功能检查、通电初步检查、通信功能检测。4. 器具移运、撤场验收、清理现场。

定 额 编 号			JYZ16-1	JYZ16-2	JYZ16-3	JYZ16-4	JYZ16-5
项 目			电子表		智能电表		关口表
			（单相）	（三相）	（单相）	（三相）	
单 位			块	块	块	块	块
基 价 （元）			**24.87**	**35.05**	**29.79**	**43.75**	**141.65**
其中	人 工 费 （元）		12.30	21.75	17.22	30.45	117.11
	材 料 费 （元）		1.32	2.05	1.32	2.05	2.05
	机 械 费 （元）		11.25	11.25	11.25	11.25	22.49
名 称		单位	数 量				
人工	普通工	工日	0.0500	0.1000	0.0700	0.1400	0.2125
	安装技术工	工日	0.0750	0.1250	0.1050	0.1750	0.8875
计价材料	尼龙扎带 $L=120\text{mm}$	根	5.0000	10.0000	5.0000	10.0000	10.0000
	电缆标识牌	个	1.0000	2.0000	1.0000	2.0000	2.0000
	棉纱头	kg	0.1000	0.1000	0.1000	0.1000	0.1000
	其他材料费	元	0.0300	0.0400	0.0300	0.0400	0.0400
机械	现场测试仪 PLT301A	台班	0.1000	0.1000	0.1000	0.1000	0.2000
	网络测试仪	台班	0.1000	0.1000	0.1000	0.1000	0.2000

16.2 抄表采集设备安装调测

工作内容：1. 施工前准备、清洁。2. 安装、固定、压接线。3. 通电测试、单机性能测试，操作系统、应用软件等。4. 调试：通电初步检查、装置参数检查、装置参数设置、测量功能、自动功能、通信功能检测、与主站信息联调等。5. 器具移运、撤场验收、清理现场。

定 额 编 号			JYZ16-6	JYZ16-7	JYZ16-8	JYZ16-9	JYZ16-10	JYZ16-11	JYZ16-12	JYZ16-13
项 目			数据集中器		电表采集器		厂站电能量采集终端	北斗卫星装置	中间继电器	无线中继器
			（载波）	（无线）	（载波）	（无线）				
单 位			台	台	台	台	台	台	台	台
基 价（元）			**176.52**	**161.40**	**105.83**	**99.99**	**2123.19**	**148.10**	**52.89**	**132.87**
其中	人 工 费（元）		129.99	120.71	66.36	66.36	481.80	126.49	34.44	95.55
	材 料 费（元）		11.40	11.40	4.34	4.34	64.19	5.11	4.34	8.03
	机 械 费（元）		35.13	29.29	35.13	29.29	1577.20	16.50	14.11	29.29
名 称		单位	数 量							
人工	普通工	工日	0.3500	0.3250	0.1400	0.1400	0.3250	0.4167	0.1400	0.2100
	安装技术工	工日	0.9100	0.8450	0.4900	0.4900	4.0125	0.8354	0.2100	0.7000
计价材料	精制六角螺栓 综合	kg					0.2000	0.2000		
	精制六角带帽螺栓 M8×(14~75)	套	4.0000	4.0000						4.0000
	镀锌半圆头螺栓 综合	套			4.0000	4.0000			4.0000	

定 额 编 号			JYZ16-6	JYZ16-7	JYZ16-8	JYZ16-9	JYZ16-10	JYZ16-11	JYZ16-12	JYZ16-13
项 目			数据集中器		电表采集器		厂站电能量采集终端	北斗卫星装置	中间继电器	无线中继器
			（载波）	（无线）	（载波）	（无线）				
计价材料	自攻螺丝 4×16	个			3.0000	3.0000				
	铜芯绝缘导线 截面 6mm²	m	2.0000	2.0000						1.0000
	铜芯橡皮绝缘线 500VBX-2.5mm²	m					12.0000			
	铜接线端子 6mm² 以下	个	2.0000	2.0000						2.0000
	尼龙扎带 L=120mm	根	6.0000	6.0000	4.0000	4.0000			5.0000	6.0000
	标签色带 （12~36）mm×8m	卷					1.0000			
	自黏性橡胶带 25mm×20m	卷					3.0000			
	棉纱头	kg	0.1000	0.1000	0.1000	0.1000		0.1000	0.1000	0.1000
	脱脂棉	卷					0.5000	0.5000		
	其他材料费	元	0.2200	0.2200	0.0900	0.0900	1.2600	0.1000	0.0900	0.1600
机械	无线信号测试装置	台班		0.1000		0.1000		0.0500		0.1000
	现场测试软件系统	台班					0.5625			

续表

定 额 编 号			JYZ16-6	JYZ16-7	JYZ16-8	JYZ16-9	JYZ16-10	JYZ16-11	JYZ16-12	JYZ16-13
项　　　目			数据集中器		电表采集器		厂站电能量采集终端	北斗卫星装置	中间继电器	无线中继器
			（载波）	（无线）	（载波）	（无线）				
机械	现场测试仪　PLT301A	台班					0.3750	0.1563		
	计量自动化主站系统	台班					0.6250			
	数字示波器	台班	0.1000		0.1000				0.1000	
	网络测试仪	台班	0.1000	0.1000	0.1000	0.1000	0.2500	0.0500		0.1000
	数字万用表（数字式）	台班	0.5000		0.5000		0.3750	0.1563	0.5000	
	便携式维护终端	台班	0.2000	0.2000	0.2000	0.2000	1.0000	0.0500		0.2000

定额编号			JYZ16-14	JYZ16-15	JYZ16-16	JYZ16-17	JYZ16-18
项 目			低压分支线路采集设备	通信协议转换器	RS485 集线器	信号放大器	功能模块
单 位			台	台	个	台	个
基 价 （元）			**23.26**	**31.33**	**23.44**	**134.42**	**9.46**
其中	人 工 费 （元）		20.09	26.46	22.20	93.96	8.05
	材 料 费 （元）		0.62	0.62	0.69	5.00	
	机 械 费 （元）		2.55	4.25	0.55	35.46	1.41
名 称		单位	数 量				
人工	普通工	工日	0.1063	0.1438	0.1250	0.0938	0.0313
	安装技术工	工日	0.1063	0.1375	0.1125	0.7625	0.0500
计价材料	塑料管卡子 DN20	个				6.0000	
	自攻螺丝 4×16	个	1.0000	1.0000	4.0000	8.0000	
	尼龙扎带 L=120mm	根				8.0000	
	棉纱头	kg	0.1000	0.1000	0.1000	0.1000	
	其他材料费	元	0.0100	0.0100	0.0100	0.1000	
机械	无线信号测试装置	台班				0.1875	
	现场测试仪 PLT301A	台班	0.0188	0.0188			0.0125
	网络测试仪	台班	0.0188	0.0313		0.1875	0.0125
	数字万用表 （数字式）	台班	0.0250	0.0500	0.0313	0.0625	

16.3 用电监控设备安装调测

工作内容： 1. 施工前准备、清洁。2. 安装、固定、柜（箱）内校接线、挂牌。3. 调试：通电检查、单机性能测试、装置参数检查及设置、测量功能、自动功能、通信功能检测、继电器控制功能测试等、回路调试、与主站信息联调等。4. 器具移运、撤场验收、清理现场。

定 额 编 号		JYZ16-19	JYZ16-20	JYZ16-21	JYZ16-22	JYZ16-23
项 目		负荷管理终端	配变监测计量终端	新型智能终端	售电管理终端	
					整体式	分体式
单 位		台	台	台	台	台
基 价（元）		**256.59**	**234.49**	**257.09**	**335.40**	**306.41**
其中	人 工 费（元）	194.55	177.45	158.10	284.21	258.15
	材 料 费（元）	17.63	17.63	14.17	9.64	9.64
	机 械 费（元）	44.41	39.41	84.82	41.55	38.62
名 称	单位	数 量				
人工 普通工	工日	0.2000	0.2000	0.1700	0.3125	0.2500
安装技术工	工日	1.5750	1.4250	1.2750	2.2875	2.1000
计价材料 精制六角螺栓 综合	kg	0.2000	0.2000			
膨胀螺栓 综合	套				4.0000	4.0000
铜芯绝缘导线 截面 6mm²	m	3.0000	3.0000	3.0000		
铜接线端子 6mm² 以下	个	2.0000	2.0000	2.0000		

定　额　编　号			JYZ16-19	JYZ16-20	JYZ16-21	JYZ16-22	JYZ16-23
项　　　目			负荷管理终端	配变监测计量终端	新型智能终端	售电管理终端	
						整体式	分体式
计价材料	尼龙扎带　L=200mm	根			10.0000		
	棉纱头	kg	0.1000	0.1000	0.1000	0.1000	0.1000
	脱脂棉	卷	0.5000	0.5000		0.5000	0.5000
	其他材料费	元	0.3500	0.3500	0.2800	0.1900	0.1900
机械	无线信号测试装置	台班	0.1250	0.1250		0.0625	0.0625
	现场测试仪　PLT301A	台班	0.2000	0.1250	0.6000	0.2500	0.1875
	网络测试仪	台班	0.1250	0.1250	0.5000	0.0625	0.0625
	数字万用表（数字式）	台班	0.0750	0.0750		0.3750	0.2500
	便携式维护终端	台班	0.3250	0.2500	0.5000	0.3750	0.3750

16.4 系统联调

工作内容： 1. 技术准备。2. 数据通信测试、集中器与主站通信规约测试、集中器与采集器通信规约测试、采集器与电表通信规约测试。3. 编制信息表、控制权限检查、遥控功能测试、电能量数据测试。

定 额 编 号			JYZ16-24	JYZ16-25	JYZ16-26
项 目			数据集中器与电表采集器	电表采集器与电能表	主站与数据集中器联调
单 位			系统	系统	系统
基 价 （元）			**260.57**	**226.37**	**1726.94**
其中	人 工 费 （元）		171.00	136.80	1197.00
	材 料 费 （元）				
	机 械 费 （元）		89.57	89.57	529.94
名 称		单位	数 量		
人工	安装技术工	工日	1.5000	1.2000	10.5000
机械	现场测试仪 PLT301A	台班	1.0000	1.0000	
	网络测试仪	台班	0.5000	0.5000	2.0000
	便携式维护终端	台班	0.5000	0.5000	6.0000

16.5 辅助设备安装调测

工作内容： 1. 施工前准备、清洁。2. 安装、固定、压接线。3. 通电初步检查、自动功能、极性测试、精度测试等。4. 器具移运、撤场验收、清理现场。

定　额　编　号			JYZ16-27	JYZ16-28	JYZ16-29	JYZ16-30
项　　　　　目			计量接线盒	浪涌保护器	辅助电流互感器	10kV 计量组合式互感器
单　　　　　位			个	个	台/单相	台/三相
基　　　价（元）			**14.46**	**9.92**	**19.09**	**752.31**
其中	人　工　费（元）		13.94	9.92	18.19	227.25
	材　料　费（元）		0.52			23.68
	机　械　费（元）				0.90	501.38
名　　　称		单位	数　　　量			
人工	普通工	工日	0.0813	0.0563	0.1000	0.5500
	安装技术工	工日	0.0688	0.0500	0.0938	
	输电技术工	工日				1.5500
计价材料	镀锌扁钢　综合	kg				3.8800
	电焊条　J422　综合	kg				0.0291
	自攻螺丝	kg	0.1000			
	铝绑扎线　3.2mm 以下	m				1.9400
	防锈漆	kg				0.0970

定 额 编 号			JYZ16-27	JYZ16-28	JYZ16-29	JYZ16-30
项 目			计量接线盒	浪涌保护器	辅助电流互感器	10kV 计量组合式互感器
计价材料	普通调和漆	kg				0.0970
	钢锯条 各种规格	根				0.9700
	其他材料费	元	0.0100			0.4600
机械	电力工程车	台班				0.0272
	TA 伏安特性、变比测试仪	台班				0.7857
	绝缘电阻测试仪 2500~10000V 2mA 以上	台班				0.7857
	数字万用表（数字式）	台班			0.0125	
	便携式维护终端	台班			0.0125	
	高压试验变压器全套装置 YDJ	台班				0.7857

定 额 编 号		JYZ16-31	JYZ16-32	JYZ16-33	JYZ16-34
项 目		微型断路器	塑壳断路器		微型断路器
		费控型	智能型	普通型	
单 位		个	个	个	个
基 价 （元）		**11.44**	**24.41**	**18.27**	**9.07**
其中	人 工 费 （元）	11.11	23.44	17.74	8.74
	材 料 费 （元）		0.09	0.09	
	机 械 费 （元）	0.33	0.88	0.44	0.33
名 称	单位	数 量			
人工					
普通工	工日	0.0625	0.0750	0.0750	0.0500
安装技术工	工日	0.0563	0.1563	0.1063	0.0438
计价材料					
自攻螺丝 4×20	个		4.0000	4.0000	
机械					
数字万用表（数字式）	台班	0.0188	0.0500	0.0250	0.0188

16.6 用户计量表箱安装

工作内容： 1. 施工前准备、清洁。2. 划线定位、打孔、安装、固定、柜（箱）内校接线、挂牌、接地。3. 器具移运、撤场验收、清理现场。

定 额 编 号		JYZ16-35	JYZ16-36	JYZ16-37	JYZ16-38	JYZ16-39	JYZ16-40
项 目		计量表箱					
		1 位	6 位及以内	12 位及以内	12 位以上	杆上	
						2 位及以内	2 位以上
单 位		台	台	台	台	台	台
基 价（元）		**35.38**	**50.03**	**69.35**	**78.41**	**74.39**	**117.86**
其中	人 工 费（元）	15.86	30.51	49.83	58.89	31.71	63.42
	材 料 费（元）	19.52	19.52	19.52	19.52	42.68	54.44
	机 械 费（元）						
名 称	单位	数 量					
人工 普通工	工日	0.1050	0.2700	0.3300	0.3900	0.2100	0.4200
安装技术工	工日	0.0700	0.0900	0.2200	0.2600	0.1400	0.2800
计价材料 镀锌六角螺栓 综合	kg	0.2500	0.2500	0.2500	0.2500	0.3500	0.3500
膨胀螺栓 综合	套	4.0000	4.0000	4.0000	4.0000		
软铜绞线 16mm²	m	0.5000	0.5000	0.5000	0.5000	2.5000	2.5000
铜接线端子 16mm²	个	2.0000	2.0000	2.0000	2.0000	2.0000	2.0000
镀锌抱箍 U 形	套					1.0000	2.0000

定 额 编 号		JYZ16-35	JYZ16-36	JYZ16-37	JYZ16-38	JYZ16-39	JYZ16-40
项 目		计量表箱					
		1 位	6 位及以内	12 位及以内	12 位以上	杆上	
						2 位及以内	2 位以上
计价材料	自黏性橡胶带 25mm×20m 卷	0.1000	0.1000	0.1000	0.1000	0.1000	0.1000
	棉纱头 kg	0.1000	0.1000	0.1000	0.1000	0.1000	0.1000
	其他材料费 元	0.3800	0.3800	0.3800	0.3800	0.8400	1.0700

16.7 供电服务系统安装调测

工作内容：1. 清洁、安装、固定、通电初步检查、装置参数检查，测量功能、自动功能、通信功能检测互联，接口检查、单机性能测试等。2. 客服平台系统调试：联网后软件与硬件调试及功能检查。

定额编号			JYZ16-41	JYZ16-42	JYZ16-43	JYZ16-44
项　　　目			移动缴费终端	叫号机	自助服务终端	客服平台系统调试
单　　　位			台	台	台	套
基　　价（元）			**188.66**	**96.50**	**153.76**	**3924.12**
其中	人　工　费（元）		77.40	77.40	83.85	2553.60
	材　料　费（元）		8.66	8.14	8.66	
	机　械　费（元）		102.60	10.96	61.25	1370.52
名　　　称		单位	数　　　量			
人工	普通工	工日	0.1200	0.1200	0.1300	
	安装技术工	工日	0.6000	0.6000	0.6500	22.4000
计价材料	精制六角螺母　M6~10	个	4.0000	4.0000	4.0000	
	铜芯绝缘导线　截面2.5mm²	m	3.0000	3.0000	3.0000	
	铜接线端子　6mm²以下	个	2.0000	2.0000	2.0000	
	尼龙扎带　L=200mm	根	5.0000		5.0000	
	棉纱头	kg	0.1000	0.1000	0.1000	
	其他材料费	元	0.1700	0.1600	0.1700	

续表

定　额　编　号			JYZ16-41	JYZ16-42	JYZ16-43	JYZ16-44
项　　　目			移动缴费终端	叫号机	自助服务终端	客服平台系统调试
机械	无线信号测试装置	台班	0.5000			
	网络测试仪	台班	0.5000		0.5000	5.0000
	功能检测分析平台（电脑）	台班				10.0000
	便携式维护终端	台班	0.2000	0.2000	0.2000	10.0000

第 17 章 通 信 线 路

说　明

一、内容范围

本章包括立杆架线、架空光缆架设、架空音频电缆架设、管道（沟）光缆敷设，管道（沟）音频电缆、室内光缆、电缆敷设，光缆单盘测试，光缆接续，光缆全程测试，音频电缆接续与测试，音频电缆充气，保护管敷设及其他，光缆跨越，牵、张场场地建设。

二、未包括的内容

1. 管道支吊架等铁构件制作安装。

2. OPGW、OPPC 光缆安装调测，使用时套用架空线路工程分册相关子目。

3. 拉管等大型管道安装，使用时套用电缆线路工程分册相关子目。

三、工程量计算规则

1. 立水泥杆、装单股拉线、安装引上钢管、顶管，以"根"为计量单位。

2. 架设架空吊线、架空光缆、ADSS 自承式光缆、沟内人工敷设穿子管光缆、沟内人工敷设音频电缆、电缆全程充气，以"km"为计量单位。

3. 成端电缆、打穿墙洞、安装支撑物、封焊热缩套管、制作封焊热缩套管气闭头，以"个"为计量单位。

4. 穿放引上光（电）缆，以"条"为计量单位。

5. 室内光缆、揭盖盖板，以"100m"为计量单位。

6. 子管敷设，以"km"为计量单位。

7. 钢管敷设，以"m"为计量单位。

8. 光缆单盘测试，以"盘"为计量单位。

9. 光缆单盘测试每增加2芯、中继光缆接续每增加2芯、用户光缆接续每增加2芯、冷接子接续、中继光缆测试每增加2芯、用户光缆测试每增加2芯，以"芯"为计量单位。

10. 中继光缆接续、用户光缆接续，以"头"为计量单位。这里的头指光缆头的个数。

11. 中继光缆测试，以"中继段"为计量单位。

12. 用户光缆测试，以"用户段"为计量单位。

13. 电缆接续，以"个"为计量单位。

14. 电缆全程调测，以"段"为计量单位。

15. 安装充气设备，以"套"为计量单位。

16. 布放安装输气管，以"20m/条"为计量单位。

17. 安装告警器，以"台"为计量单位。

18. 管道抽排水、清理淤泥、管道封堵、光缆跨越、场地平整、钢板敷设，以"处"为计量单位。

四、定额套用及调整

1. 架设架空光（电）缆是按平地考虑的，如在其他地形条件施工时，在无其他规定的情况下，丘陵、水田地形时定额人工、机械乘以系数1.3；市区、山区地形时定额人工、机械乘以系数1.5。

2. 立水泥杆定额中已含挖坑、回填、余土外运及底盘、拉盘、卡盘安装。

3. 架设架空吊线子目已综合考虑各种型号架空吊线，定额内已含终结、假终结、丁字结、十字结等，使用时定额不作调整。

4. 音频电缆头接续适用于一字型和分歧型及不同经径。

5. 人工敷设穿子管光缆子目，不包含子管敷设内容。

6. 封焊套管定额适用于卧式、立式各种套管。

7. 电缆全程充气定额只适用于充气型市话电缆。

8. 接续定额子目已含光缆接头盒或保护盒的安装及盘余缆。

9. 光缆架设子目已含金具安装及余缆架的安装。

10. 子管、钢管、引上钢管、顶管的安装定额已综合了各种规格、型号，使用时定额不作调整。

11. 揭盖盖板按揭或盖计算工程量，同一电缆沟揭开后又盖上，定额乘系数1.8。

12. 防火封堵工作套用管道封堵子目。

13. 光缆单盘测试、光缆接续、光缆全程测试，设置了每增加2芯子目，使用方法为子目芯数以内的按照就高的原则套用定额，子目不得调整，超过定额芯数上限时，超过部分套用每增加2芯子目。

14. 对于用户光缆除特殊需要外一般不再套用光缆单盘测试子目。

15. OPLC（光纤复合低压电缆）套用本章用户光缆相关子目，人工工日乘系数1.3。

17.1 立杆架线

工作内容：1. 立水泥杆：挖坑、清理、立杆、回填夯实、号杆、底盘、拉盘、卡盘安装等。2. 装拉线：挖拉线坑、装制地锚、安装拉线、埋设地锚、回填夯实、收紧拉线、缠（夹）固中把、清理现场等。3. 架设架空吊线：安装并紧固支持物（或固定物）、布防吊线、紧线、做终结、丁字结、十字结等。

<table>
<tr><th colspan="2">定 额 编 号</th><th></th><th>JYZ17-1</th><th>JYZ17-2</th><th>JYZ17-3</th></tr>
<tr><td colspan="2" rowspan="2">项 目</td><td rowspan="2"></td><td rowspan="2">立水泥杆</td><td rowspan="2">装单股拉线</td><td>架设架空吊线</td></tr>
<tr><td>GJ7/2.6</td></tr>
<tr><td colspan="2">单 位</td><td></td><td>根</td><td>根</td><td>km</td></tr>
<tr><td colspan="2">基 价 （元）</td><td></td><td>454.12</td><td>59.00</td><td>990.99</td></tr>
<tr><td rowspan="3">其中</td><td>人 工 费 （元）</td><td></td><td>66.68</td><td>53.28</td><td>877.87</td></tr>
<tr><td>材 料 费 （元）</td><td></td><td>19.07</td><td>5.72</td><td>19.07</td></tr>
<tr><td>机 械 费 （元）</td><td></td><td>368.37</td><td></td><td>94.05</td></tr>
<tr><td colspan="2">名 称</td><td>单位</td><td colspan="3">数 量</td></tr>
<tr><td rowspan="2">人工</td><td>普通工</td><td>工日</td><td>0.1741</td><td>0.1741</td><td>2.3205</td></tr>
<tr><td>安装技术工</td><td>工日</td><td>0.4704</td><td>0.3528</td><td>6.1740</td></tr>
<tr><td rowspan="2">计价材料</td><td>镀锌铁丝</td><td>kg</td><td>4.0000</td><td>1.2000</td><td>4.0000</td></tr>
<tr><td>其他材料费</td><td>元</td><td>0.3700</td><td>0.1100</td><td>0.3700</td></tr>
<tr><td rowspan="3">机械</td><td>汽车式起重机 起重量 5t</td><td>台班</td><td>0.2000</td><td></td><td>0.1000</td></tr>
<tr><td>载重汽车 5t</td><td>台班</td><td>0.3000</td><td></td><td>0.1000</td></tr>
<tr><td>打洞立杆机 功率 92kW</td><td>台班</td><td>0.2000</td><td></td><td></td></tr>
</table>

17.2 架空光缆架设

工作内容： 1. 架设架空光缆：检查光缆、配盘、架设光缆、卡挂挂钩、盘余长、绑保护物、安装余缆架等。2. 架设 ADSS 自承式光缆：检查光缆，配盘，布放紧固光缆，金具安装，调整光缆弧度，引下夹具、余缆架等附件安装，盘余长等。

定额编号			JYZ17-4	JYZ17-5	JYZ17-6	JYZ17-7
项　　目			架空光缆			
			12 芯以下	36 芯以下	72 芯以下	72 芯以上
单　　位			km	km	km	km
基　　价（元）			**1119.56**	**1186.59**	**1330.66**	**1364.17**
其中	人工费（元）		753.80	820.83	964.90	998.41
	材料费（元）		73.76	73.76	73.76	73.76
	机械费（元）		292.00	292.00	292.00	292.00
名　　称		单位	数　　量			
人工	普通工	工日	2.9006	2.9006	3.4808	3.4808
	安装技术工	工日	4.7040	5.2920	6.1740	6.4680
计价材料	镀锌铁丝	kg	10.0000	10.0000	10.0000	10.0000
	警示牌	个	1.0000	1.0000	1.0000	1.0000
	自黏性橡胶带　25mm×20m	卷	1.0000	1.0000	1.0000	1.0000
	塑料标识牌	个	30.0000	30.0000	30.0000	30.0000

195

定 额 编 号			JYZ17-4	JYZ17-5	JYZ17-6	JYZ17-7
项 目			架空光缆			
			12 芯以下	36 芯以下	72 芯以下	72 芯以上
计价材料	钢锯条 各种规格	根	2.0000	2.0000	2.0000	2.0000
	其他材料费	元	1.4500	1.4500	1.4500	1.4500
机械	汽车式起重机 起重量 8t	台班	0.2500	0.2500	0.2500	0.2500
	载重汽车 5t	台班	0.2000	0.2000	0.2000	0.2000
	机动绞磨 3t 以内	台班	0.3000	0.3000	0.3000	0.3000

定 额 编 号			JYZ17-8	JYZ17-9
项 目			ADSS 自承式光缆	
			35kV 以下	35kV 以上
单 位			km	km
基 价（元）			**2287.59**	**2421.65**
其中	人 工 费（元）		623.28	757.34
	材 料 费（元）		41.32	41.32
	机 械 费（元）		1622.99	1622.99
名 称		单位	数 量	
人工	普通工	工日	1.1603	1.1603
	安装技术工	工日	4.7040	5.8800
计价材料	方材红白松 二等	m³	0.0050	0.0050
	镀锌铁丝	kg	2.6030	2.6030
	镀锌钢绞线 GJ-35	kg	1.1500	1.1500
	普通橡胶管 DN50	m	0.3520	0.3520
	白棕绳 φ8	kg	0.2800	0.2800
	麻绳	kg	0.3600	0.3600
	麻袋片	m	0.7120	0.7120
	其他材料费	元	0.8100	0.8100
机械	汽车式起重机 起重量 8t	台班	0.4000	0.4000
	载重汽车 5t	台班	0.2000	0.2000
	机动绞磨 3t 以内	台班	0.5000	0.5000

续表

定 额 编 号			JYZ17-8	JYZ17-9
项 目			ADSS 自承式光缆	
			35kV 以下	35kV 以上
机械	牵引机 一牵一	台班	0.5400	0.5400
	张力机 一张一	台班	0.5400	0.5400

17.3 架空音频电缆架设

工作内容: 检查电缆、配盘、架设电缆、卡挂挂钩、盘余长、绑保护物、余缆架安装等。

定 额 编 号			JYZ17-10	JYZ17-11	JYZ17-12
项 目			架空电缆		
			50 对以下	100 对以下	100 对以上
单 位			km	km	km
基 价 (元)			**2396.76**	**2463.79**	**2597.85**
其中	人 工 费 (元)		2110.90	2177.93	2311.99
	材 料 费 (元)		125.99	125.99	125.99
	机 械 费 (元)		159.87	159.87	159.87
名 称		单位	数 量		
人工	普通工	工日	5.8013	5.8013	5.8013
	安装技术工	工日	14.7000	15.2880	16.4640
计价材料	镀锌铁丝	kg	13.5000	13.5000	13.5000
	自黏性橡胶带 25mm×20m	卷	1.0000	1.0000	1.0000
	塑料标识牌	个	30.0000	30.0000	30.0000
	硬酯酸 一级	kg	0.5000	0.5000	0.5000
	黄蜡	kg	0.5000	0.5000	0.5000
	乙醇	kg	3.0000	3.0000	3.0000
	钢锯条 各种规格	根	2.0000	2.0000	2.0000

定　额　编　号			JYZ17-10	JYZ17-11	JYZ17-12
项　　　目			架空电缆		
			50 对以下	100 对以下	100 对以上
计价材料	砂布	张	1.0000	1.0000	1.0000
	棉纱头	kg	3.0000	3.0000	3.0000
	其他材料费	元	2.4700	2.4700	2.4700
机械	汽车式起重机　起重量　5t	台班	0.1500	0.1500	0.1500
	载重汽车　5t	台班	0.2000	0.2000	0.2000

17.4 管（沟）道光缆敷设

工作内容： 检查光缆、配盘、穿放引线、敷设光缆、加保护垫、绑扎固定、做标识等。

定　额　编　号		JYZ17-13	JYZ17-14	JYZ17-15	JYZ17-16
项　　目		人工敷设穿子管光缆			
		12 芯以下	36 芯以下	72 芯以下	72 芯以上
单　　位		km	km	km	km
基　　价（元）		**2312.79**	**2513.88**	**2882.56**	**3050.14**
其中	人　工　费（元）	2043.87	2244.96	2613.64	2781.22
	材　料　费（元）	109.05	109.05	109.05	109.05
	机　械　费（元）	159.87	159.87	159.87	159.87
名　　称	单位	数　　量			
人工	普通工　工日	5.8013	5.8013	5.8013	5.8013
	安装技术工　工日	14.1120	15.8760	19.1100	20.5800
计价材料	镀锌铁丝　kg	13.5000	13.5000	13.5000	13.5000
	塑料标识牌　个	30.0000	30.0000	30.0000	30.0000
	黄蜡　kg	0.5000	0.5000	0.5000	0.5000

定 额 编 号			JYZ17-13	JYZ17-14	JYZ17-15	JYZ17-16
项 目			人工敷设穿子管光缆			
			12芯以下	36芯以下	72芯以下	72芯以上
计价材料	乙醇	kg	3.0000	3.0000	3.0000	3.0000
	棉纱头	kg	3.0000	3.0000	3.0000	3.0000
	其他材料费	元	2.1400	2.1400	2.1400	2.1400
机械	汽车式起重机 起重量5t	台班	0.1500	0.1500	0.1500	0.1500
	载重汽车 5t	台班	0.2000	0.2000	0.2000	0.2000

定 额 编 号		JYZ17-17	JYZ17-18	JYZ17-19	JYZ17-20
项 目		人工敷设光缆			
		12 芯以下	36 芯以下	72 芯以下	72 芯以上
单 位		km	km	km	km
基 价（元）		**2001.14**	**2202.24**	**2503.88**	**2604.43**
其中	人 工 费（元）	1732.22	1933.32	2234.96	2335.51
	材 料 费（元）	109.05	109.05	109.05	109.05
	机 械 费（元）	159.87	159.87	159.87	159.87
名 称	单位	数 量			
人工 普通工	工日	5.2211	5.2211	5.2211	5.2211
安装技术工	工日	11.7600	13.5240	16.1700	17.0520
计价材料 镀锌铁丝	kg	13.5000	13.5000	13.5000	13.5000
塑料标识牌	个	30.0000	30.0000	30.0000	30.0000
黄蜡	kg	0.5000	0.5000	0.5000	0.5000
乙醇	kg	3.0000	3.0000	3.0000	3.0000
棉纱头	kg	3.0000	3.0000	3.0000	3.0000
其他材料费	元	2.1400	2.1400	2.1400	2.1400
机械 汽车式起重机 起重量 5t	台班	0.1500	0.1500	0.1500	0.1500
载重汽车 5t	台班	0.2000	0.2000	0.2000	0.2000

17.5 管（沟）道音频电缆敷设

工作内容：检查电缆、配盘、穿放引线、敷设电缆、加保护垫、绑扎固定、做标识等。

定 额 编 号		JYZ17-21	JYZ17-22	JYZ17-23
项 目		人工敷设音频电缆		
		50 对以下	100 对以下	200 对以下
单 位		km	km	km
基 价（元）		**1287.14**	**1356.04**	**1533.62**
其中	人 工 费（元）	1021.93	1088.96	1266.54
	材 料 费（元）	105.34	107.21	107.21
	机 械 费（元）	159.87	159.87	159.87
名 称	单位	数 量		
人工	普通工	工日	2.9006	2.9006	3.4808
	安装技术工	工日	7.0560	7.6440	8.8200
计价材料	镀锌铁丝	kg	13.5000	13.5000	13.5000
	塑料标识牌	个	30.0000	30.0000	30.0000
	硬酯酸 一级	kg	0.5000	0.5000	0.5000
	白蜡	kg	0.5000	0.5000	0.5000
	乙醇	kg	1.0000	1.5000	1.5000
	钢锯条 各种规格	根	2.0000	2.0000	2.0000
	砂布	张	1.0000	1.0000	1.0000

定 额 编 号			JYZ17-21	JYZ17-22	JYZ17-23
项 目			人工敷设音频电缆		
			50 对以下	100 对以下	200 对以下
计价材料	棉纱头	kg	2.0000	2.0000	2.0000
	其他材料费	元	2.0700	2.1000	2.1000
机械	汽车式起重机 起重量 5t	台班	0.1500	0.1500	0.1500
	载重汽车 5t	台班	0.2000	0.2000	0.2000

17.6 室内光缆敷设

工作内容： 检查光缆、安装托板、穿放引线、布放光缆、复测光缆、套保护管、绑扎固定、做标识等。

定 额 编 号		JYZ17-24	JYZ17-25
项 目		室内光缆	
		48 芯以下	48 芯以上
单 位		100m	100m
基 价（元）		**165.33**	**185.44**
其中	人 工 费 （元）	110.54	130.65
	材 料 费 （元）	17.22	17.22
	机 械 费 （元）	37.57	37.57
名 称	单位	数 量	
人工	普通工	工日	0.5801	0.5801
	安装技术工	工日	0.5880	0.7644
计价材料	自黏性橡胶带 25mm×20m	卷	1.0000	1.0000
	塑料标识牌	个	10.0000	10.0000
	乙醇	kg	1.0000	1.0000
	棉纱头	kg	0.3000	0.3000
	其他材料费	元	0.3400	0.3400
机械	载重汽车 5t	台班	0.1000	0.1000

17.7 电缆敷设

工作内容：安装固定支持物、装设槽板、检查测试电缆、布放电缆、端头处理等。

定 额 编 号			JYZ17-26	JYZ17-27	JYZ17-28	JYZ17-29	JYZ17-30	JYZ17-31	JYZ17-32
项 目			墙壁式电缆				成端电缆		
			固钉式电缆		槽板式电缆		50 对以下	100 对以下	200 对以下
			50 对以下	100 对以下	50 对以下	100 对以下			
单 位			100m	100m	100m	100m	个	个	个
基 价（元）			**286.25**	**298.22**	**331.94**	**343.91**	**42.92**	**74.09**	**136.42**
其中	人 工 费（元）		184.97	196.94	230.66	242.63	31.16	62.33	124.66
	材 料 费（元）		7.23	7.23	7.23	7.23	11.76	11.76	11.76
	机 械 费（元）		94.05	94.05	94.05	94.05			
名 称		单位	数 量						
人工	普通工	工日	0.8702	0.8702	1.1603	1.1603	0.0580	0.1160	0.2321
	安装技术工	工日	1.0500	1.1550	1.2600	1.3650	0.2352	0.4704	0.9408
计价材料	镀锌铁丝	kg	0.4000	0.4000	0.4000	0.4000			
	自黏性橡胶带 25mm×20m	卷	0.1000	0.1000	0.1000	0.1000	1.0000	1.0000	1.0000
	塑料标识牌	个	3.0000	3.0000	3.0000	3.0000	2.0000	2.0000	2.0000
	乙醇	kg	0.1000	0.1000	0.1000	0.1000	0.1000	0.1000	0.1000
	钢锯条　各种规格	根	0.2000	0.2000	0.2000	0.2000	0.5000	0.5000	0.5000
	砂布	张	1.0000	1.0000	1.0000	1.0000	1.0000	1.0000	1.0000

续表

定 额 编 号			JYZ17-26	JYZ17-27	JYZ17-28	JYZ17-29	JYZ17-30	JYZ17-31	JYZ17-32
项 目			墙壁式电缆				成端电缆		
			固钉式电缆		槽板式电缆		50 对以下	100 对以下	200 对以下
			50 对以下	100 对以下	50 对以下	100 对以下			
计价材料	棉纱头	kg	0.3000	0.3000	0.3000	0.3000	0.3000	0.3000	0.3000
	其他材料费	元	0.1400	0.1400	0.1400	0.1400	0.2300	0.2300	0.2300
机械	汽车式起重机 起重量 5t	台班	0.1000	0.1000	0.1000	0.1000			
	载重汽车 5t	台班	0.1000	0.1000	0.1000	0.1000			

17.8 光缆单盘测试

工作内容：测试准备、开缆盘、清洗光纤、切缆、测试、记录数据、封缆头、清理现场。

定 额 编 号			JYZ17-33	JYZ17-34	JYZ17-35	JYZ17-36	JYZ17-37	JYZ17-38
项 目			光缆单盘测试					
			12 芯以下	24 芯以下	36 芯以下	48 芯以下	72 芯以下	（72 芯以上）每增加 2 芯
单 位			盘	盘	盘	盘	盘	芯
基 价（元）			**603.90**	**806.23**	**1015.12**	**1213.34**	**1538.57**	**31.77**
其中	人 工 费（元）		119.70	167.58	203.49	239.40	311.22	3.35
	材 料 费（元）		75.82	114.36	152.90	192.03	269.90	7.11
	机 械 费（元）		408.38	524.29	658.73	781.91	957.45	21.31
名 称		单位	数 量					
人工	安装技术工	工日	1.0500	1.4700	1.7850	2.1000	2.7300	0.0294
计价材料	光纤测量用匹配油	瓶	0.1000	0.1500	0.2000	0.2500	0.3500	0.0100
	光纤用除油剂	瓶	0.2000	0.2300	0.2600	0.2900	0.3500	0.0200
	光纤用切管刀片	片	0.2000	0.4000	0.6000	0.8000	1.2000	0.0150
	自黏性橡胶带 25mm×20m	卷	1.0000	1.2500	1.5000	1.7500	2.2500	0.1000
	乙醇	kg	0.1000	0.2000	0.3000	0.4000	0.5000	0.0100
	无纺布	m²	1.0000	1.2000	1.4000	1.6000	2.0000	0.1000

定 额 编 号			JYZ17-33	JYZ17-34	JYZ17-35	JYZ17-36	JYZ17-37	JYZ17-38
项 目			光缆单盘测试					
			12 芯以下	24 芯以下	36 芯以下	48 芯以下	72 芯以下	（72 芯以上）每增加 2 芯
计价材料	绸布	m²	0.5000	0.6800	0.8600	1.0400	1.4000	0.0300
	压缩空气标准瓶装	瓶	0.2500	0.4750	0.7000	0.9500	1.4500	0.0250
	其他材料费	元	1.4900	2.2400	3.0000	3.7700	5.2900	0.1400
机械	载重汽车 5t	台班	0.4500	0.5700	0.7000	0.8000	1.0000	0.0300
	汽油发电机组 10kW	台班	0.3000	0.5000	0.7000	0.9000	1.1000	0.0200
	光时域反射仪	台班	0.6000	0.7000	0.8500	1.0000	1.2000	0.0200

17.9 光缆接续

工作内容：上杆（塔）放、收、固定光缆，检验器材，确定接头位置，纤芯熔接，盘绕固定余纤，复测衰减，安装接头盒或保护盒等。

定 额 编 号			JYZ17-39	JYZ17-40	JYZ17-41	JYZ17-42	JYZ17-43	JYZ17-44
项　　　　目			中继光缆接续					
			12 芯以下	24 芯以下	36 芯以下	48 芯以下	72 芯以下	（72 芯以上）每增加 2 芯
单　　　　位			头	头	头	头	头	芯
基　　价（元）			**1455.78**	**1856.79**	**2251.92**	**2635.75**	**3279.27**	**64.58**
其中	人　工　费（元）		502.74	574.56	718.20	801.99	885.78	27.53
	材　料　费（元）		109.55	185.69	260.96	346.37	515.26	11.96
	机　械　费（元）		843.49	1096.54	1272.76	1487.39	1878.23	25.09
名　　称		单位	数　　　　　　量					
人工	安装技术工	工日	4.4100	5.0400	6.3000	7.0350	7.7700	0.2415
计价材料	热缩管	m	15.0000	29.0000	42.0000	60.0000	96.0000	3.0000
	光纤用除油剂	瓶	0.4000	0.8000	1.2000	1.6000	2.4000	0.0700
	光纤用切管刀片	片	0.5000	0.8000	1.1000	1.4000	2.0000	0.0100
	自黏性橡胶带　25mm×20m	卷	2.0000	2.5000	3.0000	3.5000	4.5000	0.1000
	塑料标识牌	个	1.0000	1.0000	1.0000	1.0000	1.0000	

续表

定 额 编 号			JYZ17-39	JYZ17-40	JYZ17-41	JYZ17-42	JYZ17-43	JYZ17-44
项 目			中继光缆接续					
			12 芯以下	24 芯以下	36 芯以下	48 芯以下	72 芯以下	（72 芯以上）每增加 2 芯
计价材料	乙醇	kg	0.2000	0.3800	0.5600	0.7400	1.1000	0.0300
	无纺布	m²	1.0000	1.5000	2.0000	2.5000	3.5000	0.0800
	绸布	m²	0.2000	0.3000	0.5000	0.8000	1.2000	0.0200
	压缩空气标准瓶装	瓶	0.5000	0.7500	1.0000	1.2500	1.7500	0.0400
	其他材料费	元	2.1500	3.6400	5.1200	6.7900	10.1000	0.2300
机械	载重汽车 5t	台班	0.2000	0.2600	0.3200	0.3800	0.5000	
	汽油发电机组 10kW	台班	1.0000	1.3000	1.5000	1.7500	2.2000	0.0300
	光纤熔接仪	台班	1.0000	1.3000	1.5000	1.7500	2.2000	0.0500
	光纤电话	台班	1.0000	1.3000	1.5000	1.7500	2.2000	0.0400
	光时域反射仪	台班	1.0000	1.3000	1.5000	1.7500	2.2000	0.0200

定额编号	JYZ17-45	JYZ17-46	JYZ17-47	JYZ17-48	JYZ17-49	JYZ17-50	JYZ17-51	JYZ17-52
项　　目	用户光缆接续							光缆接续
	2芯以下	4芯以下	8芯以下	12芯以下	18芯以下	24芯以下	（24芯以上）每增加2芯	冷接子接续
单　　位	头	头	头	头	头	头	芯	芯
基　　价（元）	**172.67**	**218.73**	**286.10**	**363.61**	**451.49**	**546.50**	**32.47**	**9.50**
其中　人　工　费（元）	71.82	83.79	107.73	143.64	185.54	233.42	13.41	8.05
材　料　费（元）	12.55	19.64	36.08	50.68	69.67	89.81	6.07	1.45
机　械　费（元）	88.30	115.30	142.29	169.29	196.28	223.27	12.99	
名　称	单位	数　　量						

名　称	单位							
人工　安装技术工	工日	0.6300	0.7350	0.9450	1.2600	1.6275	2.0475	0.1176	0.0706
计价材料　热缩管	m	3.0000	5.0000	10.0000	14.0000	20.0000	26.0000	2.1000	
光纤用除油剂	瓶	0.0200	0.0400	0.0800	0.1200	0.1600	0.2400	0.0200	0.0100
光纤用切管刀片	片	0.0100	0.0150	0.0450	0.0750	0.1050	0.1450	0.0100	0.0100
自黏性橡胶带　25mm×20m	卷	0.5000	0.6000	0.7000	0.8000	1.0000	1.0000		0.0100
塑料标识牌	个	1.0000	1.0000	1.0000	1.0000	1.0000	1.0000		

定 额 编 号			JYZ17-45	JYZ17-46	JYZ17-47	JYZ17-48	JYZ17-49	JYZ17-50	JYZ17-51	JYZ17-52
项 目			用户光缆接续							光缆接续
			2芯以下	4芯以下	8芯以下	12芯以下	18芯以下	24芯以下	（24芯以上）每增加2芯	冷接子接续
计价材料	乙醇	kg	0.0100	0.0100	0.0150	0.0200	0.0250	0.0300	0.0200	0.0100
	无纺布	m²	0.0500	0.1000	0.2000	0.3000	0.4000	0.5000	0.0200	0.0100
	压缩空气标准瓶装	瓶	0.0500	0.1000	0.2000	0.3000	0.4000	0.5000	0.0200	0.0100
	其他材料费	元	0.2500	0.3900	0.7100	0.9900	1.3700	1.7600	0.1200	0.0300
机械	光功率计	台班	0.5000	0.6000	0.7000	0.8000	0.9000	1.0000	0.1000	
	光纤熔接仪	台班	0.3000	0.4000	0.5000	0.6000	0.7000	0.8000	0.0400	

17.10 光缆全程测试

工作内容：1. 中继光缆测试："双窗口"1310nm 及 1550nm 光纤特性的测试，光缆全程接头损耗测试，光缆全程损耗测试，记录、整理测试资料等。2. 用户光缆测试：光缆全程试通测试，记录、整理测试资料等。

定 额 编 号			JYZ17-53	JYZ17-54	JYZ17-55	JYZ17-56	JYZ17-57	JYZ17-58
项 目			中继光缆测试					
			12 芯以下	24 芯以下	36 芯以下	48 芯以下	72 芯以下	（72 芯以上）每增加 2 芯
单 位			中继段	中继段	中继段	中继段	中继段	芯
基 价（元）			**1224.61**	**1555.77**	**1934.51**	**2314.29**	**3031.71**	**62.04**
其中	人 工 费（元）		921.69	1101.24	1340.64	1580.04	2034.90	46.68
	材 料 费（元）		5.18	9.84	14.50	20.20	31.59	0.78
	机 械 费（元）		297.74	444.69	579.37	714.05	965.22	14.58
名 称		单位	数 量					
人工	安装技术工	工日	8.0850	9.6600	11.7600	13.8600	17.8500	0.4095
计价材料	乙醇	kg	0.1000	0.1900	0.2800	0.3900	0.6100	0.0150
	无纺布	m²	1.0000	1.9000	2.8000	3.9000	6.1000	0.1500
	其他材料费	元	0.1000	0.1900	0.2800	0.4000	0.6200	0.0200
机械	光频谱分析仪	台班	0.2000	0.3000	0.4000	0.5000	0.7000	0.0050
	光纤色散测试仪	台班	0.1000	0.1400	0.1700	0.2000	0.2500	0.0050
	光时域反射仪	台班	0.3500	0.5700	0.8000	1.0300	1.4800	0.0200

定　额　编　号			JYZ17-59	JYZ17-60	JYZ17-61	JYZ17-62	JYZ17-63	JYZ17-64	JYZ17-65
项　　　　目			用户光缆测试						
			2 芯以下	4 芯以下	8 芯以下	12 芯以下	18 芯以下	24 芯以下	（24 芯以上）每增加 2 芯
单　　　　位			用户段	用户段	用户段	用户段	用户段	用户段	芯
基　　价　（元）			**89.61**	**99.76**	**118.86**	**139.12**	**162.29**	**185.46**	**9.07**
其中	人　工　费（元）		65.84	71.82	86.18	101.75	119.70	137.66	5.99
	材　料　费（元）		1.82	2.33	3.41	4.44	6.00	7.55	0.52
	机　械　费（元）		21.95	25.61	29.27	32.93	36.59	40.25	2.56
名　　　称		单位	数　　　　量						
人工	安装技术工	工日	0.5775	0.6300	0.7560	0.8925	1.0500	1.2075	0.0525
计价材料	乙醇	kg	0.1000	0.1100	0.1400	0.1600	0.1900	0.2200	0.0100
	无纺布	m²	0.3000	0.4000	0.6000	0.8000	1.1000	1.4000	0.1000
	其他材料费	元	0.0400	0.0500	0.0700	0.0900	0.1200	0.1500	0.0100
机械	光功率计	台班	0.6000	0.7000	0.8000	0.9000	1.0000	1.1000	0.0700

17.11 音频电缆接续与测试

工作内容：1. 确定位置、切缆、检测电缆、编麻线、芯线接续、复测对号、套管对位、划线、芯线处理、连接屏蔽线、端口清洁、包封套管、烤缩套管、整理和固定套管、气压及绝缘试验、做标识。2. 测试全部电缆的线对间及芯线对地绝缘电阻、按规定抽测环路电阻、测试全部电缆线对的近端串音衰耗、记录数据并整理测试资料、清理现场等。

定　额　编　号			JYZ17-66	JYZ17-67	JYZ17-68	JYZ17-69	JYZ17-70	JYZ17-71	JYZ17-72	JYZ17-73
项　　目			电缆接续				封焊热缩套管	制作封焊热缩套管气闭头	电缆全程调测	
			0.6mm 以下		0.9mm 以下				100 对以下	100 对以上
			100 对以下	100 对以上	100 对以下	100 对以上				
单　　位			个	个	个	个	个	个	段	段
基　价（元）			**89.85**	**128.63**	**126.65**	**154.65**	**34.95**	**48.73**	**411.12**	**625.61**
其中	人　工　费（元）		37.87	48.92	48.92	65.68	33.52	46.92	402.19	603.29
	材　料　费（元）		4.19	4.19	4.19	4.19	1.43	1.81		
	机　械　费（元）		47.79	75.52	73.54	84.78			8.93	22.32
名　　称		单位	数　　量							
人工	普通工	工日	0.0580	0.1160	0.1160	0.1160				
	安装技术工	工日	0.2940	0.3528	0.3528	0.4998	0.2940	0.4116	3.5280	5.2920
计价材料	塑料标识牌	个	1.0000	1.0000	1.0000	1.0000	1.0000	1.0000		
	乙醇	kg					0.1000	0.2000		

定 额 编 号			JYZ17-66	JYZ17-67	JYZ17-68	JYZ17-69	JYZ17-70	JYZ17-71	JYZ17-72	JYZ17-73
项 目			电缆接续				封焊热缩套管	制作封焊热缩套管气闭头	电缆全程调测	
			0.6mm 以下		0.9mm 以下				100 对以下	100 对以上
			100 对以下	100 对以上	100 对以下	100 对以上				
计价材料	钢锯条　各种规格	根	0.1000	0.1000	0.1000	0.1000				
	白布带　20mm×20m	卷	0.5000	0.5000	0.5000	0.5000				
	棉纱头	kg	0.1000	0.1000	0.1000	0.1000	0.1000	0.1000		
	其他材料费	元	0.0800	0.0800	0.0800	0.0800	0.0300	0.0400		
机械	串噪声测试仪	台班	0.5000	1.0000	0.8000	1.0000			0.2000	0.5000
	电缆标牌机	台班	0.3300	0.4000	0.4900	0.5200				

17.12 音频电缆充气

工作内容：清洁、安装测试、安装设备监视告警器、试运转，输气管的量裁、布放、固定、两端连接，电缆全程充气试验等。

定 额 编 号		JYZ17-74	JYZ17-75	JYZ17-76	JYZ17-77
项 目		安装充气设备	布放安装输气管	安装告警器	电缆全程充气
单 位		套	20m/条	台	km
基 价（元）		**140.45**	**16.61**	**29.87**	**101.65**
其中	人 工 费（元）	134.06	15.40	28.81	35.51
	材 料 费（元）	6.39	1.21	1.06	
	机 械 费（元）				66.14
名 称	单位	数 量			
人工	普通工	工日		0.1160	0.1160	0.1160
	安装技术工	工日	1.1760	0.0588	0.1764	0.2352
计价材料	镀锌六角螺栓 综合	kg	0.2500			
	塑料标识牌	个	1.0000	1.0000	1.0000	
	钢锯条 各种规格	根	1.0000	0.1000		
	棉纱头	kg	0.1000	0.1000	0.1000	
	医用纱布	卷	1.0000			
	其他材料费	元	0.1300	0.0200	0.0200	
机械	通信电缆充气机	台班				0.4800

17.13 保护管敷设及其他

工作内容： 1. 保护管敷设：沟底修整夯实、锯管、弯管、接口、敷设、管卡固定、刷漆、管口封堵及金属管接地。2. 穿放引上光（电）缆：加保护垫、做标识牌等。3. 安装引上钢管：定位、装管、固定等。4. 打穿墙洞：确定位置、打穿墙洞、封堵等。5. 安装支撑物：打眼、安装、固定等。6. 揭盖盖板：盖板揭起、堆放、盖板覆盖、调整。7. 管道抽排水：抽排管道中的水。8. 管道封堵：封堵管道口防止淤泥和小动物进入、防火封堵等。9. 管道清理淤泥：清理管道和电缆井中的淤泥等。

定　额　编　号		JYZ17-78	JYZ17-79	JYZ17-80	JYZ17-81	JYZ17-82	JYZ17-83	JYZ17-84
项　　　　目		子管敷设	钢管敷设（ϕ100）	穿放引上光（电）缆	安装引上钢管	打穿墙洞	安装支撑物	揭盖盖板
单　　　　位		km	m	条	根	个	个	100m
基　　价（元）		**1639.82**	**12.79**	**41.69**	**45.18**	**44.08**	**23.67**	**313.27**
其中	人　工　费（元）	1421.91	7.27	31.16	31.16	34.81	22.11	313.27
	材　料　费（元）	217.91	3.56	10.53	14.02	9.27	1.56	
	机　械　费（元）		1.96					
名　　　称	单位	数　　　量						
人工	普通工	工日	10.5000	0.0522	0.0580	0.0580	0.4641	0.1160	4.1769
	安装技术工	工日	5.5650	0.0294	0.2352	0.2352		0.1176	

220

续表

定　额　编　号			JYZ17-78	JYZ17-79	JYZ17-80	JYZ17-81	JYZ17-82	JYZ17-83	JYZ17-84
项　　目			子管敷设	钢管敷设（φ100）	穿放引上光（电）缆	安装引上钢管	打穿墙洞	安装支撑物	揭盖盖板
计价材料	镀锌扁钢　综合	kg		0.0750					
	钢管卡子　DN50	个		0.6500					
	塑料管卡子　DN32	个	100.0000						
	膨胀螺栓　M8	套	20.0000	0.3600					
	膨胀螺栓　M12	套				6.0000			
	镀锌铁丝	kg	2.5000	0.1000	0.5000	1.0000			
	自黏性橡胶带　25mm×20m	卷			0.5000				
	塑料膨胀管　φ6	只	100.0000						
	塑料护口　50	个		0.1500					
	塑料标识牌	个				1.0000			
	粘结剂　通用	kg	5.0000						
	醇酸防锈漆	kg		0.0500					
	沥青清漆	kg		0.0800					
	冲击钻头　φ8	支	5.0000						
	冲击钻头　φ12	支					1.0000		
	冲击钻头　φ16	支		0.0100					
	钢锯条　各种规格	根	10.0000		1.0000	1.0000		1.0000	

续表

定 额 编 号			JYZ17-78	JYZ17-79	JYZ17-80	JYZ17-81	JYZ17-82	JYZ17-83	JYZ17-84
项 目			子管敷设	钢管敷设 （φ100）	穿放 引上光 （电）缆	安装 引上钢管	打穿墙洞	安装支撑物	揭盖盖板
计价材料	砂布	张			1.0000				
	棉纱头	kg		0.0300	0.3000				
	其他材料费	元	4.2700	0.0700	0.2100	0.2700	0.1800	0.0300	
机械	管子切断套丝机 管径 φ159	台班		0.0100					
	交流弧焊机 容量 30kVA	台班		0.0200					

222

定 额 编 号		JYZ17-85	JYZ17-86	JYZ17-87	JYZ17-88
项 目		顶管			
		10m 以下	15m 以下	20m 以下	每增加 5m
单 位		根	根	根	根
基 价 （元）		**2413.82**	**3001.26**	**3584.66**	**1179.00**
其中	人 工 费 （元）	623.28	867.88	1112.49	311.64
	材 料 费 （元）	510.99	606.41	706.28	116.66
	机 械 费 （元）	1279.55	1526.97	1765.89	750.70
名 称	单位	数 量			
人工	普通工	工日	1.1603	1.7404	2.3205	0.5801
	安装技术工	工日	4.7040	6.4680	8.2320	2.3520
计价材料	中厚钢板 12~20	kg	4.9500	4.9500	4.9500	
	无缝钢管 10~20 号 φ159 以下	kg	5.1310	6.8410	8.5520	3.4210
	沥青清漆	kg	3.5000	5.5000	7.0000	2.0000
	水	t	38.0000	55.0000	74.0000	20.0000
	枕木 160×220×2500	根	2.0000	2.0000	2.0000	
	其他材料费	元	10.0200	11.8900	13.8500	2.2900
机械	电动单级离心清水泵 出口直径 φ50	台班	2.0000	2.5000	3.0000	1.0000
	污水泵 出口直径 φ70	台班	3.7000	4.3000	4.8000	2.1000
	电力工程车	台班	2.5000	3.0000	3.5000	1.5000

定 额 编 号		JYZ17-89	JYZ17-90	JYZ17-91
项 目		管道抽排水	管道封堵	管道清除淤泥
单 位		处	处	处
基 价（元）		**291.13**	**34.25**	**344.00**
其中	人 工 费（元）	53.63	13.41	31.81
	材 料 费（元）	7.14	20.84	7.14
	机 械 费（元）	230.36		305.05
名 称	单位	数 量		
人工	普通工	工日			0.2901
	安装技术工	工日	0.4704	0.1176	0.0882
计价材料	防火堵料有机柔性 YFD 型	kg		4.0000	
	自黏性橡胶带 25mm×20m	卷	1.0000		1.0000
	其他材料费	元	0.1400	0.4100	0.1400
机械	污水泵 出口直径 φ70	台班	0.6000		
	泥浆泵 出口直径 φ100	台班			0.5700
	电力工程车	台班	0.5000		0.5000

17.14 光缆跨越

工作内容：1. 光缆跨越低压线、弱电线、高压电力线、铁路、公路时，跨越架的搭设、拆除，放、紧线时跨越架的监护。2. 跨越河流时，利用船舶将导引绳、牵引绳引渡过河，在放紧线时进行分线和监护。3. 材料和工器具移运。

定　额　编　号			JYZ17-92	JYZ17-93	JYZ17-94	JYZ17-95	JYZ17-96	JYZ17-97
项　　　　　目			光缆跨越					
			低压线、弱电线	高压电力线	一般公路	高速公路	铁路	河流
单　　位			处	处	处	处	处	处
基　价（元）			**397.92**	**880.45**	**515.23**	**603.53**	**532.93**	**118.25**
其中	人　工　费（元）		288.12	710.29	355.15	422.18	388.67	81.90
	材　料　费（元）		55.32	106.29	114.99	130.63	106.69	
	机　械　费（元）		54.48	63.87	45.09	50.72	37.57	36.35
名　　称		单位	数　　量					
人工	普通工	工日	1.1603	2.3205	1.1603	1.1603	1.1603	0.2940
	安装技术工	工日	1.7640	4.7040	2.3520	2.9400	2.6460	0.5250
计价材料	钢丝绳　ϕ15 以下	kg		0.2700				
	镀锌铁丝	kg	2.0330	3.6150	1.1730	1.8790	1.4360	
	钢管脚手架　包括扣件	kg		4.1400	17.2030	16.9510	14.0430	
	木脚手杆杉原木　ϕ80×6000	根	0.4800	0.7230	0.2470	0.3760	0.3020	

续表

定 额 编 号			JYZ17-92	JYZ17-93	JYZ17-94	JYZ17-95	JYZ17-96	JYZ17-97
项 目			光缆跨越					
			低压线、弱电线	高压电力线	一般公路	高速公路	铁路	河流
计价材料	毛竹	根	1.3310	2.1950	0.7320	1.1410	0.8960	
	安全网	m²	1.6630	1.3390	0.7280	0.6960	0.8100	
	木桩	个	0.5400	1.2750	1.4700	2.6100	1.8000	
	其他材料费	元	1.0800	2.0800	2.2500	2.5600	2.0900	
机械	载重汽车 5t	台班	0.1450	0.1700	0.1200	0.1350	0.1000	0.0200
	机动船舶 5t	台班						0.2000

226

17.15 牵、张场场地建设

工作内容：牵、张场场地人工平整和场内钢板、道木的铺设，材料及工器具转移。

定 额 编 号		JYZ17-98	JYZ17-99
项 目		场地平整	钢板铺设
单 位		处	处
基 价（元）		**620.88**	**3853.23**
其中 人 工 费（元）		574.25	858.50
其中 材 料 费（元）			2244.57
其中 机 械 费（元）		46.63	750.16

	名 称	单位	数 量	
人工	普通工	工日	2.3100	6.1000
人工	安装技术工	工日	3.5175	3.5175
计价材料	中厚钢板 12~20	kg		280.0000
计价材料	方材红白松 二等	m³		0.5800
计价材料	其他材料费	元		44.0100
机械	输电专用载重汽车 5t	台班		1.1600
机械	电力工程车	台班	0.1300	1.0000